Е.В. Федяева, О.Г

В.В. Бесцен

CW01460025

ДАВАЙ С ТОБОЙ ПОГОВОРИМ!

(СБОРНИК КЕЙСОВ ДЛЯ УРОКОВ РУССКОГО ЯЗЫКА КАК ИНОСТРАННОГО)

Санкт-Петербург

«Златоуст»

2018

УДК 811.161.1

Федяева, Е.В., Фесенко, О.П., Бесценная, В.В.
Давай с тобой поговорим! Сборник кейсов для уроков русского языка как иностранного. — СПб. : Златоуст, 2018. — 108 с.
Fedyaeva, E.V., Fesenko, O.P., Bescennaya, V.V.
Let's talk! Collection of cases for lessons of Russian as a foreign language. — St. Petersburg : Zlatoust, 2018. — 108 p.

ISBN 978-5-86547-942-0

Главный редактор: к.ф.н. *А.В. Голубева*
Редактор: *О.С. Капполь*
Корректор: *О.С. Капполь*
Макет, верстка: *В.В. Листова*
Художник: *И. Це*
Обложка: *В.В. Листова*

Учебное пособие предназначено для иностранцев, изучающих русский язык как иностранный с уровня А1 (элементарного) до уровня В1 (первого сертификационного). Цель 47 кейсов — сформировать коммуникативную компетенцию на уровне, необходимом в повседневной жизни. Для этого в пособии предложены итоговые задания в форме постеров, творческих проектов, презентаций и т.п. В процессе их подготовки и представления учащиеся развивают устную и письменную речь на русском языке.

© Федяева Е.В., Фесенко О.П., Бесценная В.В. (текст), 2018
© ООО Центр «Златоуст» (редакционно-издательское оформление, издание, лицензионные права), 2018

Подготовка оригинал-макета: издательство «Златоуст».
Подписано в печать 29.03.2018. Формат 60x90/16. Печ. л. 6,75.
Тираж 1000 экз.
Заказ № 1150
Санитарно-эпидемиологическое заключение на продукцию издательства Государственной СЭС РФ № 78.01.07.953.П.011312.06.10 от 30.06.2010 г.
Издательство «Златоуст»: 197101, Санкт-Петербург, Каменноостровский пр., д. 24, оф. 24.
Тел.: (+7-812) 346-06-68; факс: (+7-812) 703-11-79; e-mail: sales@zlat.spb.ru; http://www.zlat.spb.ru
Отпечатано в ООО «АЛЛЕГРО».
196084, Санкт-Петербург, ул. Коли Томчака, 28, тел.: (+7-812) 388-90-00

СОДЕРЖАНИЕ

ВВЕДЕНИЕ

Перед вами учебное пособие, которое поможет сделать занятия по русскому языку эффективнее и интереснее. Оно построено на базе известной в педагогике технологии кейса. Что такое кейс?

Кейс — это *задача*, которую нужно решить. Какие задачи на занятии по русскому языку? Конечно, не по математике и не по физике. Это задачи общения. Для того чтобы их решить, вам нужно будет спрашивать, отвечать, рассказывать, объяснять, просить, приглашать, соглашаться или отказываться...

Кейс — это задача *из жизни*. В такие ситуации вы уже попадали или можете попасть в будущем. Поэтому пособие носит практический характер.

И, наконец, решением кейса является *продукт*. Продукты будут получаться двух типов:

1) Те, которые можно увидеть (открытка, письмо, постер, презентация, созданный вами текст);

2) Те, которые можно услышать (беседа, ролевая игра, выступление, пресс-конференция, дискуссия).

И вот здесь вы можете проявить всю свою фантазию, творческие способности, «на других посмотреть и себя показать».

Желаем успехов!

ЭЛЕМЕНТАРНЫЙ

УРОВЕНЬ

КЕЙС 1

ГАЗЕТА «ЗДРАВСТВУЙТЕ! ЭТО МЫ!» МЕЧТЫ И ДЕЙСТВИТЕЛЬНОСТЬ

Темы

«ЗНАКОМСТВО», «О СЕБЕ», «ВАШИ ИНТЕРЕСЫ»

Сентябрь. В институт приехали новые студенты. Много новых групп, новых лиц... Вот студент из Африки, а вот студент из Азии. Давайте познакомимся!

Здравствуйте!
Доброе утро!
Добрый день!
Добрый вечер!

1. НАПИШИТЕ НЕБОЛЬШОЙ ТЕКСТ О СЕБЕ. ВАМ ПОМОГУТ ВОПРОСЫ:

а) Как тебя зовут?

Меня зовут... .

б) Откуда ты?

Я из...

в) Сколько тебе лет?

Мне ... лет/ ... года. Я студент.

г) Что ты любишь делать в свободное время?

В свободное время я люблю...
• читать книги, газеты, журналы
• смотреть телевизор
• играть на (гитаре, пианино)
• спать
• гулять

д) Кто твои друзья?

2. СДЕЛАЙТЕ ФОТОГРАФИИ ИЛИ НАРИСУЙТЕ ИЛЛЮСТРАЦИИ К ТЕКСТУ. ИСПОЛЬЗУЙТЕ ОНЛАЙН-РЕДАКТОРЫ, НАПРИМЕР HTTPS://WWW.CANVA.COM/RU_RU/SOZDAT/PLAKAT/.

3. ВМЕСТЕ С ДРУЗЬЯМИ ОФОРМИТЕ ПОСТЕР «ЗДРАВСТВУЙТЕ! ЭТО МЫ!».

4. ПОВЕСЬТЕ ПОСТЕР В КОРИДОРЕ ВМЕСТЕ С ПОСТЕРАМИ ДРУГИХ ГРУПП. ПРОЧИТАЙТЕ ПОСТЕРЫ СВОИХ ДРУЗЕЙ.

КЕЙС 2

Схема «Генеалогическое древо»

Тема

«Семья»

Посмотрите на эту схему справа. Это генеалогическое древо семьи Завута. Вот студент Армандо. Ему 20 лет. Он учится в танковом институте. А вот его родители. Это отец. Его зовут Ороже. Он военный, полковник. А это мама. Её зовут Мария. Она домохозяйка. Вот братья. Их зовут Альфредо и Алекс. Они школьники. А это сестра Анна. Она студентка, учится в институте экономики. Вот дедушки (Аруно и Энрике). Они пенсионеры. А это бабушки (Эста и Анжела). Они домохозяйки. У Армандо большая и дружная семья.

семья (большая, небольшая, дружная)
папа = отец (офиц.)
мама = мать (офиц.)
родители
дедушка / бабушка
брат, братья
сестра, сёстры
сын / дочь, дочка
он (Его зовут...)
она (Её зовут...)
они (Их зовут...)
Ему/ей ... лет
профессия
• врач, учитель
• военный, инженер
• домохозяйка
• пенсионер / пенсионерка
• студент / студентка
• школьник / школьница

1. **Нарисуйте генеалогическое древо своей семьи. Используйте онлайн-редакторы, например https://www.myheritage.com/?lang=ru.**

2. Подпишите имена, профессии и возраст ваших родных.

3. Расскажите друзьям в группе о своей семье.

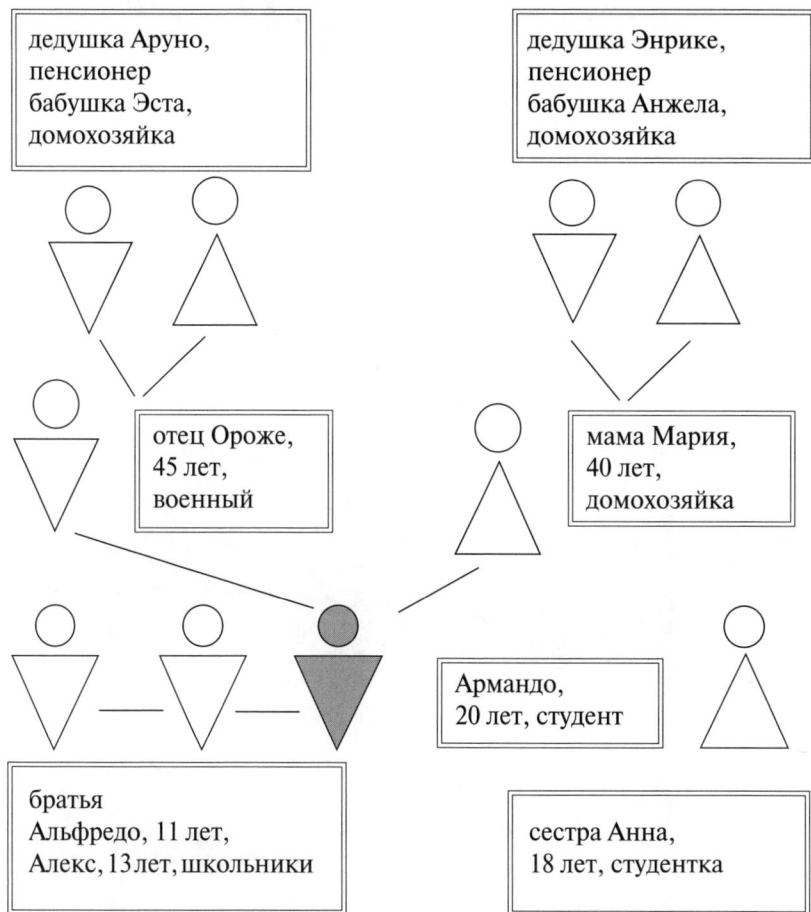

дедушка Аруно,
пенсионер
бабушка Эста,
домохозяйка

дедушка Энрике,
пенсионер
бабушка Анжела,
домохозяйка

отец Ороже,
45 лет,
военный

мама Мария,
40 лет,
домохозяйка

Армандо,
20 лет, студент

братья
Альфредо, 11 лет,
Алекс, 13 лет, школьники

сестра Анна,
18 лет, студентка

КЕЙС 3

СХЕМА «В КОМНАТЕ»

Тема

СХЕМА «МОЯ КОМНАТА»

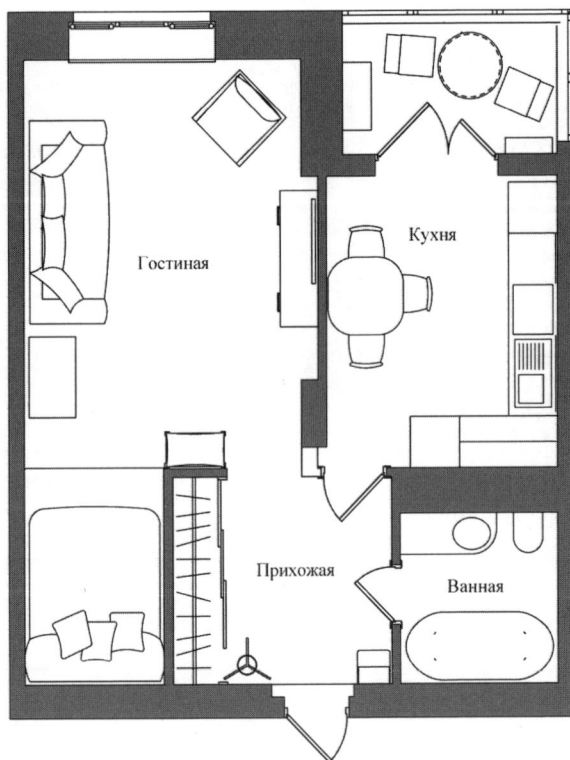

Гостиная

Кухня

Прихожая

Ванная

У Мохамеда радость. Он поступил в институт, и ему дали комнату в общежитии. Это комната № 34 на третьем этаже. Она небольшая, но тёплая и светлая. Тут есть всё, что нужно студенту: стол, стул, кровать, шкаф, книжные полки и тумбочка. На стене постер с футболистом Роналду, на полке диски, учебники и словари. А главное — хорошие соседи!

общежитие
комната
большая ≠ маленькая
светлая ≠ тёмная
уютная

мебель
стол
стул
кровать
шкаф
полка
тумбочка
картина
постер
лампа
окно
цветы
ноутбук

слева
справа
в центре
тут, здесь ≠ там

ВЫ ДИЗАЙНЕР.
1. СПРОСИТЕ МОХАМЕДА, КУДА ОН ХОЧЕТ ПОСТАВИТЬ МЕБЕЛЬ. СОСТАВЬТЕ ВМЕСТЕ С НИМ ПЛАН КОМНАТЫ (С МЕБЕЛЬЮ).
2. СРАВНИТЕ В ГРУППЕ ПЛАНЫ РАЗНЫХ СТУДЕНТОВ (РАБОТУ РАЗНЫХ ДИЗАЙНЕРОВ), ВЫБЕРИТЕ САМЫЙ УДОБНЫЙ ПЛАН. ИСПОЛЬЗУЙТЕ ОНЛАЙН-СЕРВИСЫ, НАПРИМЕР HTTPS://PLANOPLAN.COM.

КЕЙС 4

Разговор в магазине

Тема

«Покупки»

У Нокхама в субботу национальный праздник. Он решил пригласить русских друзей и приготовить лаосское национальное блюдо — курицу с рисом и овощами.

Как обратиться к продавцу на рынке?

Как спросить, есть ли нужные ему продукты?

Как спросить, сколько они стоят?

— Извините, пожалуйста, ...

— Скажите, пожалуйста, ...

— У вас есть...?

— Сколько стоит ...?
(он/она стоит;
они стоят)

— Дайте, пожалуйста, ...
* хлеб, рыбу
* мясо, курицу
* яйцо, молоко
* масло, рис
* овощи, картофель
* соль, сахар
* фрукты
* яблоко
* мороженое
* шоколад
* кофе, чай, пиво, вино

1. СОСТАВЬТЕ СПИСОК ПРОДУКТОВ ДЛЯ ПРАЗДНИЧНОГО ОБЕДА.
2. ПОДУМАЙТЕ, СКОЛЬКО ПРОДУКТОВ НАДО ВЗЯТЬ.
3. СОСТАВЬТЕ ДИАЛОГИ МЕЖДУ ПРОДАВЦОМ И ПОКУПАТЕЛЕМ.
4. ВЫБЕРИТЕ ПРОДАВЦА И ПОКУПАТЕЛЯ. ВМЕСТЕ С ДРУЗЬЯМИ РАЗЫГРАЙТЕ СИТУАЦИЮ НА РЫНКЕ.

КЕЙС 5

Конкурс на лучшее меню

Темы

«В столовой», «Меню»

СТУДЕНЧЕСКОЕ МЕНЮ

Столовая Зачётка

С 11:00 ДО 15:00
УЛ. КОМСОМОЛЬСКАЯ, 146   Т.8-913-086-0001   WWW.RUSSIAKRC.RU

65 Руб.

ПО ПРЕДЪЯВЛЕНИЮ СТУДЕНЧЕСКОГО БИЛЕТА

ПОНЕДЕЛЬНИК
БОРЩ с ростом
КАРТОФЕЛЬНОЕ ПЮРЕ
ЧАЙ сахар
ХЛЕБ

ВТОРНИК
РАССОЛЬНИК
МАКАРОНЫ
КОМПОТ
ХЛЕБ

СРЕДА
СУП
КАПУСТА ТУШЕНАЯ
КОМПОТ
ХЛЕБ

ЧЕТВЕРГ
СУП-ЛАПША
РИС С ОВОЩАМИ
КИСЕЛЬ
ХЛЕБ

ПЯТНИЦА
БОРЩ
КАША ГОРОХОВАЯ
ЧАЙ сахар
ХЛЕБ

16

Мануэла приехала из Никарагуа и сейчас учится в российском медицинском институте. Каждый день Мануэла ходит в столовую на обед. Здесь всё так интересно! Блюда новые, необычные! Что взять на обед? Как сказать, что вы хотите?

— Здравствуйте!
— Доброе утро!
— Добрый день!
— Добрый вечер!

— Скажите, пожалуйста, что это?

— Скажите, пожалуйста, это...?
• мясо
• рыба
• салат
• рис
• картошка
— У вас есть...?
• каша
• компот
• хлеб с маслом
• курица с мясом

Русская кухня
пирожок — пирожки
блины
пельмени

1. ЧТО В СТОЛОВОЙ ОБЫЧНО ЕДЯТ НА ЗАВТРАК? НА ОБЕД? НА УЖИН?
2. ЧТО ВЫ ЛЮБИТЕ ЕСТЬ НА ЗАВТРАК? НА ОБЕД? НА УЖИН?
3. ВЫ — ДИРЕКТОР (НАЧАЛЬНИК) СТОЛОВОЙ. ПРИДУМАЙТЕ НАЗВАНИЕ ВАШЕЙ СТОЛОВОЙ И СОСТАВЬТЕ МЕНЮ (МЕНЮ ДОЛЖНО НРАВИТЬСЯ СТУДЕНТАМ).
4. ПРОВЕДИТЕ КОНКУРС «ЛУЧШАЯ СТУДЕНЧЕСКАЯ СТОЛОВАЯ».

КЕЙС 6

Письмо родителям «Новости из России»

Темы

«Свободное время», «Выходной день»,

«Рабочий день»

Педру в России уже неделю. Он приехал в Санкт-Петербург, чтобы стать врачом, как его отец. Он тоже учился в России. Сегодня Педру решил написать письмо семье и рассказать, как он учится и отдыхает. Отец просил написать его по-русски. Как начать письмо? Как рассказать о себе? Что написать в конце?

Привет, (имя)!
Как твои дела?

утром
днём
вечером

обычно
иногда

делать
гулять
играть в (*во что?*)
- футбол
- волейбол
- баскетбол
- теннис
завтракать
обедать
ужинать
работать
отдыхать
слушать музыку
Пока!
Твой друг (имя).

1. ЧТО ВЫ ДЕЛАЕТЕ УТРОМ?
2. ЧТО ВЫ ДЕЛАЕТЕ ДНЁМ?
3. ЧТО ВЫ ДЕЛАЕТЕ ВЕЧЕРОМ?
4. НАПИШИТЕ ПОСТ О ВАШЕМ ДНЕ В СОЦИАЛЬНОЙ СЕТИ. СОЗДАЙТЕ 2—3 СОБЫТИЯ В КАЛЕНДАРЕ В ВАШЕМ МОБИЛЬНИКЕ, ДОБАВЬТЕ ПРЕПОДАВАТЕЛЯ ИЛИ ВАШЕГО РУССКОГО ДРУГА В КАЧЕСТВЕ УЧАСТНИКА.

КЕЙС 7

Постер «Мой любимый спортсмен»

Темы

«Виды спорта», «Известные люди»

Омар живёт в общежитии. Он любит играть в футбол. Раньше он играл в национальной команде Иордании. Над его кроватью висит постер любимого футболиста — Лионеля Месси. Омар знает о нём всё. Месси из Аргентины, он играет в команде «Барселона». Это футболист № 1 в мире. Ему 30 лет. Он женат. У него есть сын. Его зовут Тьяго.

К Омару пришла знакомая девушка и спросила: «Кто это?»

спорт
спортсмен — спортсменка
чемпион – чемпионка
чемпион мира

любимый спортсмен — любимая спортсменка

известный (-ая, -ые)
сильный
быстрый

играть в (*во что?*)
* футбол
* баскетбол
* волейбол
* теннис

заниматься (*чем?*)
* бег
* плавание
играть / выиграть

1. А У ВАС ЕСТЬ ЛЮБИМЫЙ СПОРТСМЕН ИЛИ СПОРТСМЕНКА?
2. ПОЧЕМУ ОН ИЛИ ОНА ВАМ НРАВИТСЯ?
3. НАЙДИТЕ ЕГО / ЕЁ ФОТО И СДЕЛАЙТЕ ПОСТЕР.
4. РАССКАЖИТЕ О НЁМ/О НЕЙ ДРУЗЬЯМ ПО-РУССКИ.

КЕЙС 8

Ролевая игра «Начни разговор»

Темы

«Город», «Магазин»

Антонио вчера гулял в городе. Он искал большой магазин и спрашивал дорогу у незнакомых людей. Он спросил женщину на улице: «Мама, где магазин?» А женщина почему-то обиделась и ответила: «Какая я тебе мама?» Антонио искал магазин два часа и нашёл его. Когда он подошёл к кассе, он сказал девушке-кассиру «Привет, подруга!» Девушка тоже почему-то обиделась и ответила: «Какая я тебе подруга?» Почему они обиделись? В Анголе слово «подруга» — это нормальное обращение к любой девушке. А незнакомую женщину на улице можно назвать мамой...

Здравствуйте!
Доброе утро!
Добрый день!
Добрый вечер!
Привет!

Извините, скажите, пожалуйста, ...
Извините, вы не скажете, ... = Скажите, пожалуйста, ...
- где остановка автобуса
- где улица Пушкина
- как пройти к реке
- эта маршрутка идёт до «Меги»

Простите, вы не поможете мне?

1. **Обсудите с преподавателем и друзьями, где и как нужно здороваться в России (в магазине, в банке, на рынке, у врача).**
2. **Как здороваются с друзьями, а как — с преподавателями или незнакомыми людьми?**
3. **Вы в городе и не знаете, где находится остановка. Как обратиться к незнакомому мужчине с вопросом? А к молодой женщине? А к немолодой?**
4. **Разыграйте ситуацию «На улице» с обращением к незнакомому человеку. Снимите клип с помощью мобильного телефона и пришлите его преподавателю.**

Карта «Наш город»

Тема

«В городе»

Сентябрь. В институт приехали новые студенты из разных стран: Мали, Кубы, Иордании, Гвинеи, Анголы, Камбоджи. Они ещё плохо знают город. А Махамаду уже учится на пятом курсе. Новые студенты попросили Махамаду показать город. Где можно обменять деньги? А где можно недорого и вкусно пообедать?

Скажите, пожалуйста, где можно ...
- обменять деньги
- купить (продукты, одежду, обувь, книги, лекарство)
- пообедать
- отдохнуть
- погулять
- посмотреть фильм

Скажите, пожалуйста, где находится ...?
- банк
- кафе/ресторан
- магазин
- аптека
- бассейн
- кинотеатр
- театр
- библиотека
- остановка
- парк
- река
- набережная

1. ЗАДАЙТЕ ПРЕПОДАВАТЕЛЮ ВОПРОСЫ О ГОРОДЕ, ГДЕ ВЫ СЕЙЧАС УЧИТЕСЬ (ВРЕМЯ ОСНОВАНИЯ, ЧИСЛО ЖИТЕЛЕЙ, КОЛИЧЕСТВО РЕК...).

2. КУДА ВЫ ХОТИТЕ ПОЕХАТЬ НА ВЫХОДНЫХ, ЧТОБЫ ПОСМОТРЕТЬ ГОРОД И МЕСТА, О КОТОРЫХ РАССКАЗАЛ ПРЕПОДАВАТЕЛЬ?

3. ОТМЕТЬТЕ НА КАРТЕ ИНТЕРЕСНЫЕ МЕСТА В ГОРОДЕ, КОТОРЫЕ ВАМ НАЗВАЛ ПРЕПОДАВАТЕЛЬ. СДЕЛАЙТЕ ИНТЕРАКТИВНЫЙ ПЛАКАТ С ПОМОЩЬЮ СЕРВИСА THINGLINK ИЛИ GLOGSTER.

4. РАЗЫГРАЙТЕ СИТУАЦИЮ, ГДЕ ВЫ РАССКАЗЫВАЕТЕ НОВОМУ СТУДЕНТУ, ГДЕ МОЖНО КУПИТЬ ПРОДУКТЫ, ПООБЕДАТЬ И Т.Д. В ВАШЕМ ГОРОДЕ.

КЕЙС 10

Ролевая игра «Праздник»

Тема

«Приглашение. Праздники. Гости»

Завтра студенты из Буркина-Фасо не учатся. У них праздник — День независимости. Они хотят отметить его в кафе и пригласить туда своих друзей из Бенина и Мозамбика. Как пригласить их, договориться о времени и месте встречи? Как объяснить, где находится кафе?

- праздник (*у кого?*)
- приглашать / пригласить (*куда? когда? во сколько?*)
- поздравлять (*с чем?*)
- адрес
- (*что?*) находится (*где?*)

Приглашаю тебя/вас...
Можешь прийти (*куда? когда?*)...
Спасибо, я приду!
Я обязательно приду.

Отказ:
— Извини(те), я завтра/ в пятницу не могу, я очень занят.
- У меня билет на концерт.
- Мне надо готовиться к экзамену.
- Я иду к врачу.

1. ОТВЕТЬТЕ НА ВОПРОСЫ:
   - КАКОЙ ПРАЗДНИК У ВАС СКОРО?
   - КОГО ВЫ ХОТИТЕ НА НЕГО ПРИГЛАСИТЬ?
   - КУДА ВЫ ХОТИТЕ ПРИГЛАСИТЬ ГОСТЕЙ?
   - КОГДА (ВО СКОЛЬКО) НАЧНЁТСЯ ПРАЗДНИК?
2. РАЗЫГРАЙТЕ СЦЕНУ ПРИГЛАШЕНИЯ НА ПРАЗДНИК СО СВОИМИ ДРУЗЬЯМИ.

КЕЙС II

Ролевая игра «У врача»

Тема

«Здоровье»

У студента Тэ болит зуб. Но он боится идти к врачу. Тэ думает, что завтра зуб уже не будет болеть. А с врачом нужно говорить, объяснять по-русски, что и где болит. Это так трудно...

голова
- глаз — глаза
- ухо — уши
- зуб — зубы

горло

живот
- нога — ноги
- рука — руки

Что случилось?
У меня болит...
У меня болят...
Что у вас болит?
Как болит?
   сильно
   немного
   чуть-чуть
   постоянно
   редко
   когда хожу
   когда лежу

лекарство
таблетка
мазь
капли

1. НАЗОВИТЕ ЧАСТИ ТЕЛА ПО-РУССКИ. СДЕЛАЙТЕ ИНТЕРАКТИВНЫЙ ПЛАКАТ С ИЗОБРАЖЕНИЕМ ТЕЛА ЧЕЛОВЕКА И НАДПИШИТЕ НА НЁМ ЧАСТИ ТЕЛА. ИСПОЛЬЗУЙТЕ СЕРВИС GLOGSTER ИЛИ THINGLINK.

2. КТО ИЗ ВАС БУДЕТ ВРАЧ? КТО БОЛЬНОЙ? ПРИДУМАЙТЕ И РАЗЫГРАЙТЕ ДИАЛОГ «У ВРАЧА».

КЕЙС 12

РЕКЛАМНЫЙ БУКЛЕТ

Тема

«МОЯ СТРАНА / МОЙ РОДНОЙ ГОРОД»

Студент Гансух приехал из Монголии. А Томе — из Мозамбика. Вот Лисбан. Он с Кубы. А это Ахмед из Иордании... На специальном факультете нашего института учатся студенты из многих стран, их больше 20!

Давайте путешествовать! Сделайте рекламный проспект с информацией о своей стране и расскажите об интересных местах, где вы советуете побывать своим друзьям из других стран.

страна
город
столица
язык

океан
море
река
водопад
гора (мн. ч. горы)
музей
памятник
национальный парк
пейзаж

путешествовать
красивый
популярный
интересный

1. **Найдите в Интернете фотографии, на которых есть красивые и интересные места вашей родины.**
2. **Подумайте, что вы о них расскажете. Почему вы советуете поехать туда и увидеть это своими глазами?**
3. **Сделайте рекламный буклет (2—4 листа картона). Наклейте фотографии и напишите информацию об этом месте. Можете использовать шаблоны в Word или другой программе. Можете подготовить презентацию о своей стране на 5 кадров в PowerPoint.**

КЕЙС 13

Ролевая игра «В турбюро»

Тема

«Путешествие по России»

Moscow

Moscow

Moscow

Moscow

Saint Petersburg

Moscow

Moscow

Saint Petersburg

Saint Petersburg

Saint Petersburg

Saint Petersburg

Volgograd

Yekaterinburg

Arkhangelsk

Kazan

Moscow

Vladimir

Veliky Novgorod

Nizhny Novgorod

Vladivostok

Ufa

Йан много читал и слышал о Байкале. Он влюбился в это место с первого взгляда и на каникулах собирается туда поехать. Как это сделать лучше? Самостоятельно или с помощью турагентства?

экскурсия/путешествие

тур (в Египет, Турцию, во Францию, в Италию)

Я хочу поехать (*куда?*)
Какие есть варианты?
На чём можно поехать?

Я хочу поехать
* на автобусе
* на самолёте
* на машине
Это возможно?

Сколько дней будет идти путешествие?
Где мы будем жить?
Что я смогу увидеть?
Расскажите, пожалуйста, о программе.

в первый день
во второй день
в третий день

1. ВАШ ПРЕПОДАВАТЕЛЬ — ТУРАГЕНТ, КОТОРЫЙ ПРЕДЛАГАЕТ ТУР В ИНТЕРЕСНОЕ МЕСТО В РОССИИ. ПОДУМАЙТЕ, КАКИЕ ВОПРОСЫ НУЖНО ЗАДАТЬ ТУРАГЕНТУ? НЕ ЗАБУДЬТЕ УЗНАТЬ:
   * ВАРИАНТЫ ПУТЕШЕСТВИЙ;
   * СТОИМОСТЬ;
   * ПРОГРАММУ.
2. РАЗЫГРАЙТЕ ДИАЛОГ ТУРИСТА И ТУРАГЕНТА. СНИМИТЕ ДИАЛОГ НА ВИДЕО С ПОМОЩЬЮ ВАШЕГО ТЕЛЕФОНА И ПРИШЛИТЕ ПРЕПОДАВАТЕЛЮ. ВЫБЕРИТЕ ВМЕСТЕ ЛУЧШИЙ «ФИЛЬМ» В ГРУППЕ.

БАЗОВЫЙ
УРОВЕНЬ

Ролевая игра «С днём рождения!»

Тема

«День рождения»

Альфонсо приехал с Кубы в сентябре и сразу познакомился с Марией. Она красавица! Мария занимается теннисом и хорошо учится. А завтра у неё день рождения. Нужно обязательно поздравить её. Но как? Мария не знает испанского, и поздравлять нужно по-русски...	день рождения праздник С днём рождения! поздравлять / поздравить желать / пожелать подарок (мн. ч. подарки) сюрприз приглашать / пригласить гости Я поздравляю тебя с днём рождения! Я желаю тебе • счастья • здоровья • любви Это тебе (когда дарят подарок). = Это мой подарок тебе.

С Днём Рождения!

Традиционные подарки:
женские
- цветы
- конфеты, шоколад
- духи
- украшения

мужские
- техника
- канцелярия (предметы для учёбы: тетрадь, ручка, клей и т.д.)

Я приглашаю тебя на день рождения.
когда? куда?
- домой
- в кафе / в ресторан
- в боулинг

1. КОГДА У ВАС ДЕНЬ РОЖДЕНИЯ?
2. ЧТО ВАМ ОБЫЧНО ДАРЯТ РОДИТЕЛИ И ДРУЗЬЯ? А КАКОЙ ПОДАРОК ВЫ ХОТИТЕ ПОЛУЧИТЬ?
3. ГДЕ ОБЫЧНО ОТМЕЧАЮТ ДЕНЬ РОЖДЕНИЯ В ВАШЕЙ СТРАНЕ? (ДОМА? В КАФЕ? В ДРУГОМ МЕСТЕ?)
4. ЧТО ГОВОРЯТ РУССКИЕ, КОГДА ПОЗДРАВЛЯЮТ С ДНЁМ РОЖДЕНИЯ?
5. ЧТО ГОВОРЯТ РУССКИЕ, КОГДА ХОТЯТ ПРИГЛАСИТЬ НА ДЕНЬ РОЖДЕНИЯ?

ПРИДУМАЙТЕ ПОДАРОК ДЛЯ МАРИИ И РАЗЫГРАЙТЕ СИТУАЦИЮ ПОЗДРАВЛЕНИЯ И ПРИГЛАШЕНИЯ НА ДЕНЬ РОЖДЕНИЯ. СНИМИТЕ ВИДЕОКЛИП НА ЭТОТ СЮЖЕТ.

А ВЫ ЗНАЕТЕ, ЧТО:
1) В России не дарят бумажные цветы.
2) Дарят нечётное число цветов (2, 4, 6 и т.д.).
3) Не все любят жёлтые цветы. Есть примета, что они обещают разлуку.
4) Когда идут в гости, приносят с собой что-нибудь вкусное — шоколад, конфеты или торт.

КЕЙС 2

Документ «Автобиография»

Тема

«Биография»

Отдел кадров (деканат, канцелярия) требует от студентов подготовительного курса автобиографию для личного дела. Студент Пхон не знает, как её написать... Это проблема.

родиться
пойти в школу
окончить школу
поступить (*куда?*)
* в колледж
* в институт
* в университет
* на курсы иностранного языка

учиться (*где?*)
* в колледже
* в институте
* в университете
* на курсах иностранного языка

жениться
выйти замуж
женат — замужем

1. Создайте текст, раскройте скобки, выберите один из вариантов ответа и заполните пропуски.

Я, (ФИО), родился (страна, город) в _____ году. В _____ году я пошёл в школу. В _____ году я окончил школу и поступил (в колледж / институт / университет / на курсы _____). В _____ году я пошёл в армию и служил (1 год/ 2 года/3 года). В _____ году я поехал учиться в Россию. Сейчас я учусь в _____ институте (университете / академии / училище) на подготовительном курсе. Я буду _____ .

2. Напечатайте автобиографию на компьютере и пришлите её преподавателю.

3. Выберите в редакторе Word шаблон резюме, заполните его и пришлите преподавателю.

Постер «Наши родители»

Тема

«СЕМЬЯ»

Гантулга очень любит своих родителей. Его отец — водитель автобуса. Отец из большой семьи. У него 10 (!) братьев и сестёр. Отец старший, поэтому много трудился в детстве. Помогал своим родителям по хозяйству, смотрел за младшими детьми. Поэтому отец у Гантулги такой добрый и заботливый. В свободное время отец любит играть с детьми в футбол, кататься на лошади. Он купил Гантулге отличную лошадь на день рождения.

Мама у Гантулги внимательная и терпеливая. Её профессия — самая гуманная, мама — медсестра, работает в детской поликлинике. Мама отлично готовит. Никто в мире так вкусно не делает монгольское национальное блюдо — печенье на бараньем жире.

Сегодня все студенты вспоминают родителей.

внук/внучка

самый
активный ≠ спокойный
высокий
добрый
умный
серьёзный
строгий
спортивный
дружный

вырасти (*где?*)
жениться/выйти замуж

интересоваться (*чем?*)
• спортом
• музыкой
• искусством

готовить (*как?*)
• вкусно
заботиться (*о ком?*)
советовать
убеждать
шутить

1. НАЙДИТЕ ФОТОГРАФИИ ВАШИХ РОДИТЕЛЕЙ, А ЕСЛИ ХОРОШО РИСУЕТЕ — НАРИСУЙТЕ. ИСПОЛЬЗУЙТЕ ОНЛАЙН-СЕРВИСЫ ДЛЯ СОЗДАНИЯ ГЕНЕАЛОГИЧЕСКОГО ДРЕВА СО СТР. **11.**

2. НАПИШИТЕ О РОДИТЕЛЯХ, ИХ ПРОФЕССИИ, ХОББИ, ВАШИХ ОТНОШЕНИЯХ С НИМИ.

3. ВСПОМНИТЕ ОБ ИНТЕРЕСНОМ ДНЕ, КОТОРЫЙ ВЫ ПРОВЕЛИ ВМЕСТЕ С РОДИТЕЛЯМИ. МОЖЕТ БЫТЬ, ЭТО БЫЛ ПРАЗДНИК? ИЛИ ПОХОД В КИНО ИЛИ НА СТАДИОН?

4. ОФОРМИТЕ ВАШИ ДОБРЫЕ СЛОВА О МАМЕ И ПАПЕ НА ПОСТЕРЕ КО ДНЮ МАТЕРИ ИЛИ ДНЮ РОЖДЕНИЯ ОТЦА. СКАЖИТЕ СПАСИБО, ЧТО ОНИ У ВАС ЕСТЬ.

КЕЙС 4

ТАБЛИЦА «РАСПОРЯДОК ДНЯ»

Тема

«МОЙ ДЕНЬ»

Многие люди любят дисциплину и порядок. Каждое утро звучит будильник и начинается новый день. Сколько нужно успеть сделать... И зубы почистить, и умыться, и на построение не опоздать, и позавтракать... Суксахон — новый студент. У кого спросить, когда завтрак, когда занятия?

подъём
завтрак
занятия
обед
ужин
свободное время
домашнее задание

1. ПРЕДПОЛОЖИТЕ, В КАКОЕ ВРЕМЯ МОГУТ НАЧИНАТЬСЯ ЭТИ ДЕЛА: ЗАРЯДКА, УЧЕБНЫЕ ЗАНЯТИЯ, ОБЕД, САМОСТОЯТЕЛЬНАЯ РАБОТА, ВОСПИТАТЕЛЬНЫЕ И СПОРТИВНЫЕ МЕРОПРИЯТИЯ, УЖИН, СВОБОДНОЕ ВРЕМЯ, ОТБОЙ.
2. ЗАПОЛНИТЕ ТАБЛИЦУ «РАСПОРЯДОК ДНЯ».
3. ЗАПОЛНИТЕ ВАШ РАСПОРЯДОК ДНЯ В МОБИЛЬНОМ ТЕЛЕФОНЕ.

РАСПОРЯДОК ДНЯ

КЕЙС 5

Диалог «Каникулы»

Тема

«Свободное время»

Сегодня студенты подготовительного курса разговаривали со студентами первого курса. О чём? О каникулах!

Когда в институте каникулы? Зимой и летом. Зимние каникулы в январе, а летние — в июле, августе.

На каникулах студенты не учатся, отдыхают. Можно ходить в кино, гулять по городу, играть с друзьями в футбол, слушать музыку, читать книги, «сидеть» в Интернете...

Если есть деньги на билет, можно поехать домой или в другой город, например в Москву или Санкт-Петербург.

Студенты из Конго рассказали, что в августе остались в Омске, снимали квартиру. А студенты из Иордании ездили домой и отдыхали в родном городе.

А чем займётесь на каникулах вы?

каникулы
- зимние каникулы
- летние каникулы

январь — в январе
август — в августе

остаться в Омске
снимать квартиру
поехать домой

Я буду + *inf.*

Я хочу
- гулять (по городу, по парку, по набережной)
- ходить в кино
- заниматься спортом
- играть (в футбол, волейбол, баскетбол)
- готовить любимую еду

1. **Спросите друг друга о планах на каникулы в мессенджере или по телефону.**
2. **Расскажите на уроке, что вы узнали о планах друга.**
3. **Расспросите преподавателя, что в городе, где вы учитесь, интересно зимой, а что — летом?**

КЕЙС 6

Отдых на природе

Тема

«Выходной день»

Скоро выходные. Вы хотите с друзьями поехать на природу. Вам нужно договориться с ними обо всем.

Обсудите место встречи, время отъезда, кто что будет покупать, что будете делать на отдыхе...

природа
отдыхать на природе
ехать / поехать (*на чём?*)

Который час?
В котором часу?

мясо
шашлык
минеральная вода
чай
фрукты
овощи
спички
соль

теннисные ракетки
шахматы
шашки
футбольный мяч

удочка
рыбалка
рыбачить

1. В КАКОЙ ДЕНЬ ВЫ ПОЕДЕТЕ?
2. ВО СКОЛЬКО (В КОТОРОМ ЧАСУ) ВЫ ПОЕДЕТЕ?
3. ЧТО ВЫ ВОЗЬМЁТЕ С СОБОЙ? (ИЗ ЕДЫ, ИЗ СПОРТИВНЫХ ПРЕДМЕТОВ) ЧЕМ БУДЕТЕ ЗАНИМАТЬСЯ?
4. НА ЧЁМ ВЫ ПОЕДЕТЕ?
5. СКОЛЬКО ВРЕМЕНИ ВЫ БУДЕТЕ НА ПРИРОДЕ?
6. СКОЛЬКО ДЕНЕГ НУЖНО ПРИГОТОВИТЬ ДЛЯ ПОЕЗДКИ?

СОСТАВЬТЕ СПИСОК ПРЕДМЕТОВ, КОТОРЫЕ НУЖНО ВЗЯТЬ С СОБОЙ НА ОТДЫХ. ОБСУДИТЕ ПЛАН ПОЕЗДКИ И РАССКАЖИТЕ О НЁМ ГРУППЕ.

В КИНОТЕАТРЕ

Тема

«Кино»

ПЛАН ЗРИТЕЛЬНОГО ЗАЛА ХАБАРОВСКОГО КРАЕВОГО МУЗЫКАЛЬНОГО ТЕАТРА

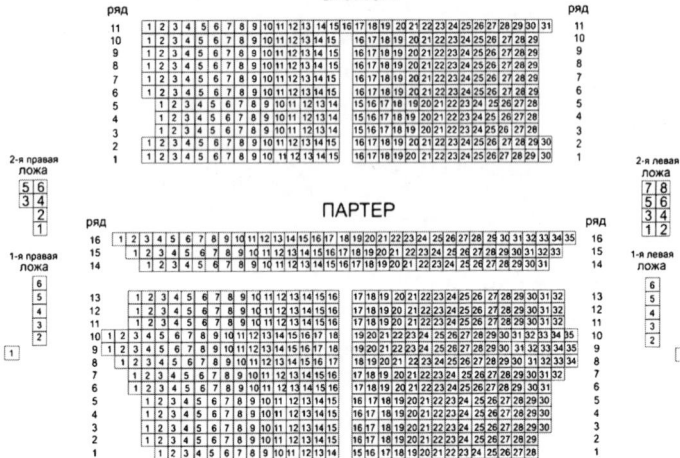

БАЛКОН

```
ряд                                                                        ряд
11   1 2 3 4 5 6 7 8 9 10 11 12 13 14 15 16 17 18 19 20 21 22 23 24 25 26 27 28 29 30 31   11
10   1 2 3 4 5 6 7 8 9 10 11 12 13 14 15 16 17 18 19 20 21 22 23 24 25 26 27 28 29         10
 9   1 2 3 4 5 6 7 8 9 10 11 12 13 14 15 16 17 18 19 20 21 22 23 24 25 26 27 28 29          9
 8   1 2 3 4 5 6 7 8 9 10 11 12 13 14 15 16 17 18 19 20 21 22 23 24 25 26 27 28 29          8
 7   1 2 3 4 5 6 7 8 9 10 11 12 13 14 15 16 17 18 19 20 21 22 23 24 25 26 27 28 29          7
 6   1 2 3 4 5 6 7 8 9 10 11 12 13 14 15 16 17 18 19 20 21 22 23 24 25 26 27 28 29          6
 5     1 2 3 4 5 6 7 8 9 10 11 12 13 14 15 16 17 18 19 20 21 22 23 24 25 26 27 28           5
 4     1 2 3 4 5 6 7 8 9 10 11 12 13 14 15 16 17 18 19 20 21 22 23 24 25 26 27 28           4
 3     1 2 3 4 5 6 7 8 9 10 11 12 13 14 15 16 17 18 19 20 21 22 23 24 25 26 27 28           3
 2   1 2 3 4 5 6 7 8 9 10 11 12 13 14 15 16 17 18 19 20 21 22 23 24 25 26 27 28 29 30       2
 1   1 2 3 4 5 6 7 8 9 10 11 12 13 14 15 16 17 18 19 20 21 22 23 24 25 26 27 28 29 30       1
```

2-я правая ложа: 5 6 / 3 4 / 2 / 1

2-я левая ложа: 7 8 / 5 6 / 3 4 / 1 2

ПАРТЕР

```
ряд                                                                            ряд
16  1 2 3 4 5 6 7 8 9 10 11 12 13 14 15 16 17 18 19 20 21 22 23 24 25 26 27 28 29 30 31 32 33 34 35  16
15  1 2 3 4 5 6 7 8 9 10 11 12 13 14 15 16 17 18 19 20 21 22 23 24 25 26 27 28 29 30 31 32 33        15
14  1 2 3 4 5 6 7 8 9 10 11 12 13 14 15 16 17 18 19 20 21 22 23 24 25 26 27 28 29 30 31              14

13    1 2 3 4 5 6 7 8 9 10 11 12 13 14 15 16 17 18 19 20 21 22 23 24 25 26 27 28 29 30 31 32         13
12    1 2 3 4 5 6 7 8 9 10 11 12 13 14 15 16 17 18 19 20 21 22 23 24 25 26 27 28 29 30 31 32         12
11    1 2 3 4 5 6 7 8 9 10 11 12 13 14 15 16 17 18 19 20 21 22 23 24 25 26 27 28 29 30 31 32         11
10  1 2 3 4 5 6 7 8 9 10 11 12 13 14 15 16 17 18 19 20 21 22 23 24 25 26 27 28 29 30 31 32 33 34 35  10
 9  1 2 3 4 5 6 7 8 9 10 11 12 13 14 15 16 17 18 19 20 21 22 23 24 25 26 27 28 29 30 31 32 33 34      9
 8  1 2 3 4 5 6 7 8 9 10 11 12 13 14 15 16 17 18 19 20 21 22 23 24 25 26 27 28 29 30 31 32 33 34      8
 7    1 2 3 4 5 6 7 8 9 10 11 12 13 14 15 16 17 18 19 20 21 22 23 24 25 26 27 28 29 30 31             7
 6    1 2 3 4 5 6 7 8 9 10 11 12 13 14 15 16 17 18 19 20 21 22 23 24 25 26 27 28 29 30 31             6
 5      1 2 3 4 5 6 7 8 9 10 11 12 13 14 15 16 17 18 19 20 21 22 23 24 25 26 27 28 29 30              5
 4      1 2 3 4 5 6 7 8 9 10 11 12 13 14 15 16 17 18 19 20 21 22 23 24 25 26 27 28 29 30              4
 3      1 2 3 4 5 6 7 8 9 10 11 12 13 14 15 16 17 18 19 20 21 22 23 24 25 26 27 28 29                 3
 2      1 2 3 4 5 6 7 8 9 10 11 12 13 14 15 16 17 18 19 20 21 22 23 24 25 26 27 28 29                 2
 1        1 2 3 4 5 6 7 8 9 10 11 12 13 14 15 16 17 18 19 20 21 22 23 24 25 26 27 28                  1
```

1-я правая ложа: 6 / 5 / 4 / 3 / 2 / 1

1-я левая ложа: 6 / 5 / 4 / 3 / 2 / 1

СЦЕНА

Студенты пришли в кинотеатр, хотят купить билет на новый фильм в кассе. Кассир показывает на мониторе компьютера схему зала и говорит: «Выбирайте места!»

кинотеатр
фильм
сеанс
начало сеанса
билет

касса
кассир

зал / кинозал
ряд
место

посетитель
зритель

занято
свободно

РАЗЫГРАЙТЕ ДИАЛОГ С КАССИРОМ В КАССЕ КИНОТЕАТРА. НАЧИНАЕТ ДИАЛОГ ЗРИТЕЛЬ.

ЗАДАНИЕ ДЛЯ ЗРИТЕЛЯ:

ВАМ НУЖЕН БИЛЕТ. СКАЖИТЕ НАЗВАНИЕ ФИЛЬМА, ВРЕМЯ СЕАНСА (ВРЕМЯ, КОГДА ФИЛЬМ НАЧИНАЕТСЯ), ВЫБЕРИТЕ МЕСТА́, ГДЕ ВЫ ХОТИТЕ СИДЕТЬ В ЗАЛЕ (КИНОЗАЛЕ). УЗНАЙТЕ, СКОЛЬКО СТОЯТ БИЛЕТЫ.

ЗАДАНИЕ ДЛЯ КАССИРА:

УЗНАЙТЕ, КАКОЙ ФИЛЬМ ХОЧЕТ ПОСМОТРЕТЬ ПОСЕТИТЕЛЬ, В КАКОЕ ВРЕМЯ, ПРЕДЛОЖИТЕ ЕМУ ВЫБРАТЬ РЯД И МЕСТО В ЗАЛЕ. НАЗОВИТЕ ЦЕНУ ЗА БИЛЕТ.

ПОДАРОК НА ДЕНЬ РОЖДЕНИЯ

Тема

«ПОДАРКИ»

На день рождения друзья подарили вам домашнее животное (кошку, собаку, попугая, крысу, рыбок и т.д.). У вас никогда не было дома животных. Вы очень рады, но не знаете, что с ним делать и как за ним ухаживать.

день рождения
подарок
домашнее животное
кошка / котёнок
собака / щенок
рыбка
попугай

Сколько раз в день...?

ухаживать
кормить / покормить
гулять / погулять

РАЗЫГРАЙТЕ ДИАЛОГ С ДРУГОМ. ПОБЛАГОДАРИТЕ ДРУГА ЗА ПОДАРОК И УЗНАЙТЕ:

1. КАК ЗОВУТ ВАШЕ НОВОЕ ДОМАШНЕЕ ЖИВОТНОЕ? (ЕСЛИ НУЖНО, ТО ПРИДУМАЙТЕ ЕМУ ИМЯ.)
2. ГДЕ ДОЛЖЕН ЖИТЬ ВАШ НОВЫЙ ДРУГ? (В КЛЕТКЕ, В АКВАРИУМЕ И Т.Д.)
3. ЧЕМ КОРМИТЬ ВАШЕГО НОВОГО ДРУГА И СКОЛЬКО РАЗ В ДЕНЬ?
4. КАК ЧАСТО С НИМ НУЖНО ГУЛЯТЬ?
5. ЧЕМУ ЕГО МОЖНО НАУЧИТЬ?
6. ПОЛУЧЕННЫЕ СОВЕТЫ ЗАПИШИТЕ И РАССКАЖИТЕ ГРУППЕ, ЧТО ВЫ УЗНАЛИ.

КЕЙС 9

В ГОСТИНИЦЕ

Тема

«ПУТЕШЕСТВИЕ»

Эндрю решил познакомиться со старинным русским городом Ярославлем. Когда Эндрю приехал в гостиницу, его попросили заполнить гостевую карточку. Хорошо, что все слова он уже знает. А вы сможете сделать это без словаря?

бланк
заполнить бланк

имя
фамилия
дата
место
национальность
адрес
№ паспорта

приезжать / приехать
приезд

уезжать / уехать
отъезд

цель приезда
- бизнес
- обучение
- путешествие

день приезда
день отъезда
подпись

1. **Прочитайте, какую информацию просят записать в бланк.**
2. **Переведите незнакомые слова с помощью словаря.**
3. **Придумайте, когда и куда (в какой город) вы можете поехать на экскурсию.**
4. **Заполните бланк.**

Гостевая карточка
(A HOTEL GUEST CARD)

Имя _____

Фамилия _____

Дата и место рождения _____

Национальность _____

Адрес _____

№ паспорта _____

Цель приезда _____

День приезда _____

День отъезда _____

Подпись _____

КЕЙС 10

Здравствуй, Россия!

Тема

«Страноведение»

На следующей неделе к вам в институт приедет учиться ещё один человек из вашей страны. Он никогда не был в России. А вы уже живёте в России 6 месяцев. Познакомьте его с тем городом, в котором вы живёте.

Россия
город
улица
кинотеатр
ресторан
институт
музей
банк
бассейн
мост
парк
общежитие
столовая
цирк
вокзал
аэропорт
церковь
театр

1. СОСТАВЬТЕ ПЛАН ВАШЕЙ ПРОГУЛКИ ПО ГОРОДУ. КАКИЕ ГОРОДСКИЕ МЕСТА ВЫ ПОКАЖЕТЕ ВАШЕМУ ДРУГУ?
2. ПОДГОТОВЬТЕ РАССКАЗ ОБ ЭТИХ МЕСТАХ, ПОДБЕРИТЕ ФОТОГРАФИИ, ПОКАЖИТЕ ИХ В ГРУППЕ И РАССКАЖИТЕ О НИХ В АУДИТОРИИ. ОБЪЯСНИТЕ, ПОЧЕМУ ИМЕННО ЭТИ МЕСТА ВЫ ХОТИТЕ ПОКАЗАТЬ ВАШЕМУ ДРУГУ. СНИМИТЕ ВАШ РАССКАЗ НА ВИДЕО И ПОКАЖИТЕ В ГРУППЕ. СДЕЛАЙТЕ ВИДЕОКАНАЛ ГРУППЫ НА YOUTUBE И ВЫЛОЖИТЕ ТУДА ВАШИ КЛИПЫ. ЧЕЙ КЛИП НАБЕРЁТ БОЛЬШЕ ЛАЙКОВ?
3. ВЫ МОЖЕТЕ ПОДГОТОВИТЬ ПРЕЗЕНТАЦИЮ. СРАВНИТЕ ПРЕЗЕНТАЦИИ ВЫШИХ ДРУЗЕЙ И ВЫБЕРИТЕ ЛУЧШУЮ.
4. РАБОТА В ПАРАХ. НАЙДИТЕ В ИНТЕРНЕТЕ ИНФОРМАЦИЮ ОБ ЭКСКУРСИЯХ, О КЛУБАХ, О МУЗЕЯХ В ГОРОДЕ. СДЕЛАЙТЕ СКРИНШОТ ЭКРАНА И ПОШЛИТЕ ДРУГУ. ДРУГ РАССКАЗЫВАЕТ НА УРОКЕ, ЧТО ЕМУ ПРЕДЛОЖИЛИ И ЧТО ОН ВЫБРАЛ. ПОЧЕМУ ОН ЭТО ВЫБРАЛ?

КЕЙС II

Погода. Климат

Тема

«Природа России»

Когда Альберто был в Москве, он познакомился в девушкой из Санкт-Петербурга. Конечно, ей было очень интересно, какая погода на Кубе. Альберто с удовольствием рассказал о замечательном климате своей родины. А теперь, когда Анна звонит ему в Омск, её первый вопрос: «Как погода в Сибири?» И очень часто молодые люди узнают, что погода у них разная... Всё-таки очень большая страна — Россия!

тепло
холодно
жарко
«+» (плюс)
«—» (минус)
1 градус
2—4 градуса
4 градусов
солнце
дождь
снег
гроза
молния
гром
туман

У нас холодно.
здесь (= тут) = у нас
А у вас?

1. Вы едете на каникулы к другу в другой город и хотите узнать, какая там погода, чтобы правильно выбрать одежду. Посмотрите прогноз в Интернете, потом уточните у друга через ватсап или другой мессенджер, какая там погода.

2. Узнайте через мобильный сервис о погоде на выходные в двух разных российских городах. Обменяйтесь в парах сообщениями в ватсапе о полученной информации. Сообщите полученную информацию преподавателю.

КЕЙС 12

Ролевая игра «В больнице»

Тема

«Здоровье»

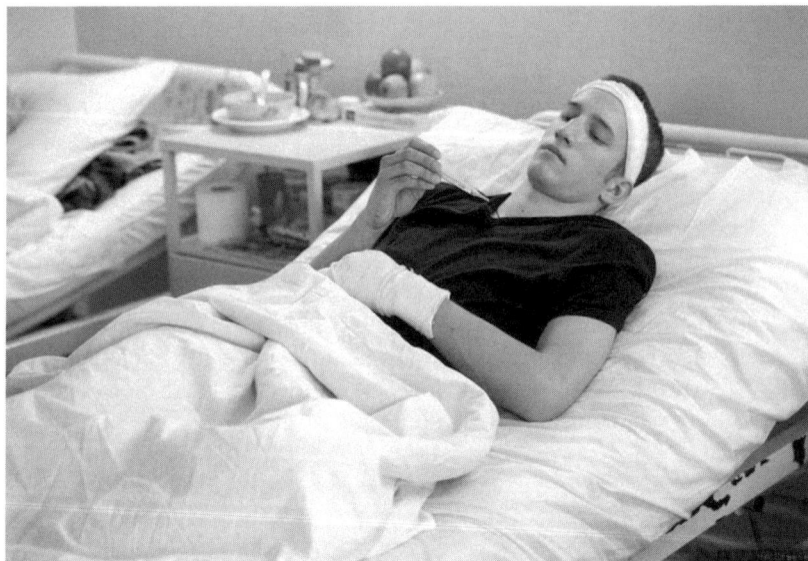

Ваш друг заболел и лежит в больнице. Вы приехали к нему, чтобы увидеть его, узнать, как его здоровье, передать фрукты и рассказать новости.

больница
медицинская сестра
больной

палата
отделение
этаж

В какой ты палате?
В каком отделении ты лежишь?

пускать / пустить (*куда? кого? к кому?*)

пройти по коридору
повернуть налево / направо

РАЗЫГРАЙТЕ ДИАЛОГИ:
1. С ДРУГОМ В ПАЛАТЕ (СПРОСИТЕ ПО ТЕЛЕФОНУ О ЕГО ЗДОРОВЬЕ; УЗНАЙТЕ В КАКОМ ОТДЕЛЕНИИ И В КАКОЙ ПАЛАТЕ ОН ЛЕЖИТ; КОГДА К НЕМУ МОЖНО ПРИЙТИ, ЧТО ЕМУ НУЖНО ПРИНЕСТИ В БОЛЬНИЦУ, РАССКАЖИТЕ НОВОСТИ).
2. С МЕДИЦИНСКОЙ СЕСТРОЙ В БОЛЬНИЦЕ.
ЗАДАНИЕ ДЛЯ ВАС:
УЗНАЙТЕ, В КАКОЙ ПАЛАТЕ ЛЕЖИТ ВАШ ДРУГ; МОЖНО ЛИ К НЕМУ СХОДИТЬ, КОГДА ПУСКАЮТ В ПАЛАТУ, КАК ПРОЙТИ В ПАЛАТУ К ВАШЕМУ ДРУГУ И ЧТО МОЖНО ПРИНЕСТИ.
ЗАДАНИЕ ДЛЯ МЕДИЦИНСКОЙ СЕСТРЫ:
УЗНАЙТЕ, КТО ХОЧЕТ УВИДЕТЬ БОЛЬНОГО, СООБЩИТЕ В ПАЛАТУ БОЛЬНОМУ И РАССКАЖИТЕ, ЧТО МОЖНО ПРИНЕСТИ В БОЛЬНИЦУ.

КЕЙС 13

Библиотека

Тема

«Библиотека»

Скоро каникулы. Вы должны сдать в библиотеку все учебники. Но один из учебников вы найти не можете.

библиотека
библиотекарь
книга
долг

(*что?* вместо *чего?*)

терять / потерять
потеря

заменить (*что? на что?*)

заявление

РАЗЫГРАЙТЕ СИТУАЦИЮ В БИБЛИОТЕКЕ (ВЫ И БИБЛИОТЕКАРЬ).

ЗАДАНИЕ ДЛЯ БИБЛИОТЕКАРЯ:
УЗНАЙТЕ, ГДЕ МОЖЕТ БЫТЬ КНИГА, ГДЕ ЕЁ ЕЩЕ НЕ ИСКАЛИ: У ДРУЗЕЙ, В ШКАФУ, В СТОЛЕ И Т.Д.

ЗАДАНИЕ ДЛЯ СТУДЕНТА:
УЗНАЙТЕ,
1) ЧТО НУЖНО ДЕЛАТЬ, ЕСЛИ ВЫ ПОТЕРЯЛИ КНИГУ (ВАРИАНТЫ: КУПИТЬ НОВУЮ ВМЕСТО ТОЙ, КОТОРУЮ ПОТЕРЯЛИ; ПОИСКАТЬ В ИНТЕРНЕТЕ ЭЛЕКТРОННОЕ ИЗДАНИЕ, КУПИТЬ, РАСПЕЧАТАТЬ И ПЕРЕПЛЕСТИ; КУПИТЬ ПОХОЖУЮ КНИГУ).
2) НУЖНО ЛИ НАПИСАТЬ ЗАЯВЛЕНИЕ О ТОМ, ЧТО ВЫ ПОТЕРЯЛИ КНИГУ, ГДЕ МОЖНО ВЗЯТЬ ОБРАЗЕЦ ЗАЯВЛЕНИЯ И КОМУ ЕГО ОТДАТЬ.

КЕЙС 14

Выступление «Моя любимая книга»

Тема

«Моя любимая книга»

Антонио: — Мне нравятся книги о войне. Мне не важно, кто автор. В таких книгах всегда есть супергерой, который всех спасает. Он сильный и смелый.

Элла: — Терпеть не могу книги о войне. Они очень грустные, и я после них плачу... Я люблю книги о любви.

Расул: — А вы прочитайте книгу «Война и мир». Там есть и война, и любовь.

СОЗДАЙТЕ В СОЦИАЛЬНОЙ СЕТИ ПОСТ И ОБСУДИТЕ С ДРУЗЬЯМИ СЛЕДУЮЩИЕ ВОПРОСЫ:

1) **КАКИЕ КНИГИ ВАМ БОЛЬШЕ НРАВЯТСЯ?**
   - Стихи или проза;
   - фантастика или документалистика;
   - о родной стране или о других странах.

2) **О ЧЁМ ВАМ БОЛЬШЕ НРАВИТСЯ ЧИТАТЬ?**
   - о войне или о любви;
   - о людях или о природе (животных);
   - детективы или книги о героях.

3) **У ВАС ЕСТЬ ЛЮБИМАЯ КНИГА? ПОСОВЕТУЙТЕ ПРОЧИТАТЬ ЕЁ СВОИМ ДРУЗЬЯМ.**

автор
писатель
читатель
поэт
стихи ≠ проза
Библия, Коран
энциклопедия
фантастика
детектив
роман
женский роман
триллер

терпеть не могу
предпочитать
родиться ≠ умереть / погибнуть
стать (*кем?*)
приехать ≠ уехать
встречаться / встретиться
увидеть
давать / дать
брать / взять
возвращаться / вернуться
забывать / забыть
вспоминать / вспомнить
начинать / начать
заканчивать / закончить
водить
возить
терять / потерять
находить / найти

Мне нравится...
Я считаю...
Мне кажется...
Я советую тебе прочитать...
Обязательно прочитай...

КЕЙС 15

ФОТОГРАФИЯ

Тема

«В ГОРОДЕ»

Вам нужно оформить документы. А для этого надо сфотографироваться в ближайшем фотосалоне.

фотография
фотосалон

уголок на фотографии

цветной
чёрно-белый

размер
высота
ширина

готов
быть готовым

Когда фотографии будут готовы?

РАЗЫГРАЙТЕ ДИАЛОГ С ФОТОГРАФОМ.

В РАЗГОВОРЕ ОБСУДИТЕ, КАКИЕ ФОТОГРАФИИ НУЖНЫ (С УГОЛКОМ СЛЕВА, С УГОЛКОМ СПРАВА, БЕЗ УГОЛКА, ЦВЕТНЫЕ ИЛИ ЧЁРНО-БЕЛЫЕ, РАЗМЕРЫ ФОТОГРАФИИ (ШИРИНА И ВЫСОТА), КОЛИЧЕСТВО ФОТОГРАФИЙ, СКОЛЬКО ОНИ СТОЯТ И КОГДА БУДУТ ГОТОВЫ).

КЕЙС 16

Староста?

Тема

«Наш вуз»

Вы были старостой групы на первом курсе.

1. **Разыграйте диалог со старостой в ситуации: нужно составить расписание экзаменов для группы. Узнайте пожелания студентов, а также дни, удобные для преподавателей. Новый староста должен задать старому старосте не меньше 5 вопросов.**

2. **Расскажите новому старосте о его обязанностях. Новый староста должен задать старому старосте не меньше 5 вопросов. В разговоре поделитесь своим опытом. Расскажите, каким должен быть староста и что он должен делать. А есть ли староста в вашем институте на родине? Есть ли какие-то различия?**

3. **Сообщите куратору курса о чрезвычайном происшествии, которое произошло утром в группе (на какой паре, где, кто участвовал, что случилось, что вы сделали). Куратор должен уточнить по каждому пункту, правильно ли он понял информацию.**

отвечать (*за что?*)
за дисциплину
за успеваемость
за порядок в классе
(в аудитории)
за посещение занятий
(уроков, лекций,
семинаров)

заполнять журнал

следить (*за чем?*)
за чистотой, порядком

наводить чистоту
 и порядок
мыть пол, доску
подметать пол
приносить,
складывать мел
веник
швабра
тряпка
мочить / намочить
тряпку

сообщать (*о ком?*)
об отсутствующих

отмечать отсутствующих
следить за успеваемостью
и посещаемостью
организовывать
собрания группы
представлять интересы
группы в деканате

I
СЕРТИФИКАЦИОННЫЙ УРОВЕНЬ

Моя интернет-страничка

Тема

«Телефон. Интернет»

Офицер монгольской армии Гантулга Доржготов 2 года назад окончил Омский танковый инженерный институт. Сейчас он живёт и трудится в Улан-Баторе. Но каждый вечер он имеет возможность общаться с бывшими однокурсниками и теми, кто учится в институте сейчас, потому что он зарегистрирован в социальной сети Facebook (Фейсбук). Студент подготовительного курса Амарболд из Монголии хотел бы подружиться с Гантулгой и другими ребятами из института, чтобы дружить и обмениваться новостями.

логин
пароль
имя, фамилия

1. ЗАЙДИТЕ В ОДНУ ИЗ СОЦИАЛЬНЫХ СЕТЕЙ, ЗАПОЛНИТЕ ЭЛЕКТРОННУЮ РЕГИСТРАЦИОННУЮ АНКЕТУ ОТ СВОЕГО ИМЕНИ ИЛИ ПРИДУМАЙТЕ СЕБЕ АВАТАР. ЕСЛИ ВЫ УЖЕ ЯВЛЯЕТЕСЬ ПОЛЬЗОВАТЕЛЕМ ЭТОГО САЙТА, ЗАРЕГИСТРИРУЙТЕСЬ НА АНАЛОГИЧНЫХ РУССКИХ САЙТАХ «ОДНОКЛАССНИКИ» ИЛИ «ВКОНТАКТЕ».

2. ВЫБЕРИТЕ ГЛАВНОЕ ФОТО ИЛИ КАРТИНКУ, КОТОРАЯ БУДЕТ ВЫРАЖАТЬ ВАШЕ НАСТРОЕНИЕ НА СЕГОДНЯ (АВАТАР). ДОБАВЬТЕ ФОТО, КОТОРЫЕ КАЖУТСЯ ВАМ САМЫМИ ВАЖНЫМИ И/ИЛИ ИНТЕРЕСНЫМИ. ОБЪЯСНИТЕ, ПОЧЕМУ ИМЕННО ЭТИ ФОТОГРАФИИ ВЫ ВЫБРАЛИ.
3. НАЙДИТЕ ЛЮБИМУЮ МУЗЫКУ, ЗАКАЧАЙТЕ ЕЁ (ЗАПИШИТЕ НАЗВАНИЯ ПЕСЕН ПО-РУССКИ).
4. ПРИДУМАЙТЕ ИЛИ ВСПОМНИТЕ НЕСКОЛЬКО ИНТЕРЕСНЫХ ФРАЗ, КОТОРЫЕ МОЖНО БЫЛО БЫ ПОСТАВИТЬ В КАЧЕСТВЕ СТАТУСА.

Ищу свою половинку

Темы

«Характер», «Автобиография», «Мои увлечения»

Ясель — кубинец. Он учится в Политехническом институте. Девушек тут мало, в основном молодые люди. Он решил найти свою мечту в Интернете. Но компьютер попросил не просто записать имя и возраст, а заполнить анкету. Ясель недавно изучает русский язык, ему ещё трудно. Что значит «доверчивый»? А что такое «необитаемый остров»?

анкета
оптимист
пессимист

1. **Прочитайте вопросы анкеты и объясните непонятные Яселю слова и выражения.**
2. **А как бы ответили на эти вопросы вы? Какие ещё вопросы вы бы задали своей будущей «половинке»?**

АНКЕТА

- Вы оптимист или пессимист?
- Вы доверчивый человек?
- Вы когда-нибудь влюблялись? Кто был вашей первой любовью?
- Что вы не любите? Что мешает вам жить?
- Довольны ли вы своей жизнью? Что хотели бы изменить?
- У вас есть кумир?
- Что может напугать вас?
- Какой ваш самый счастливый день в жизни?
- Какие 3 вещи вы взяли бы на необитаемый остров?

«Билет на самолёт»

Тема

Путешествие

Скоро каникулы. Вы планируете поехать домой, потому что впереди два месяца отдыха. Вам нужно по Интернету заказать билет на самолёт до вашего родного города.

Интернет
сайт

бронировать / забронировать
бронь
бронирование
выкупить бронь

пункт назначения
класс обслуживания
- эконом
- комфорт
- бизнес
валюта

ознакомиться с правилами
поставить галочку

оплатить
оплата

1. НАЙДИТЕ В ИНТЕРНЕТЕ САЙТ НУЖНОЙ ВАМ АВИАКОМПАНИИ, НАПРИМЕР «АЭРОФЛОТА».
2. НАЙДИТЕ НА САЙТЕ РАЗДЕЛ «ПРАВИЛА БРОНИРОВАНИЯ И ОПЛАТЫ БИЛЕТА». ПРОЧИТАЙТЕ ЕГО. ОБЯЗАТЕЛЬНО ПОСТАВЬТЕ ГАЛОЧКУ, ЧТО ВЫ ОЗНАКОМЛЕНЫ И СОГЛАСНЫ С ЭТИМИ ПРАВИЛАМИ.
3. НАЙДИТЕ НА САЙТЕ РАЗДЕЛ «КУПИТЬ БИЛЕТ» ИЛИ «ЗАБРОНИРОВАТЬ БИЛЕТ».
4. ЗАПОЛНИТЕ НУЖНЫЕ ВАМ ТРЕБОВАНИЯ В ЗАЯВКЕ НА ПОКУПКУ (БРОНИРОВАНИЕ) БИЛЕТА (ОТКУДА, КУДА, БИЛЕТ «ТУДА И ОБРАТНО» ИЛИ ТОЛЬКО «ТУДА», ДАТУ ОТПРАВЛЕНИЯ, КОЛИЧЕСТВО БИЛЕТОВ, КЛАСС ОБСЛУЖИВАНИЯ, ВАЛЮТА ОПЛАТЫ). СДЕЛАЙТЕ СКРИНШОТ И ОТПРАВЬТЕ ЕГО ПРЕПОДАВАТЕЛЮ (РАСПЕЧАТАЙТЕ).
5. УЗНАЙТЕ, В КАКИЕ СРОКИ НЕОБХОДИМО ВЫКУПИТЬ БИЛЕТ.

КЕЙС 4

Я через 10 лет

Тема

«Мечты и планы»

Когда-то маленький Али учился в школе и мечтал о сотовом телефоне. А ещё он хотел поскорее вырасти и стать военным. Сегодня он учится в России, в Военном институте. У него появились новые мечты, но мечту о военной карьере он не оставил и воплощает в жизнь каждый день.

мечтать (*о чём?*)

мечта
компьютер
планшет

1. О ЧЁМ ВЫ МЕЧТАЛИ, КОГДА БЫЛИ РЕБЁНКОМ?
2. ПРЕДСТАВЬТЕ СЕБЯ В ПРОФЕССИИ. ЧЕМ ВЫ ЗАНИМАЕТЕСЬ? ЧЕГО ДОСТИГЛИ?
3. КАК ВЫ ПРОВОДИТЕ СВОБОДНОЕ ВРЕМЯ? ЕСТЬ ЛИ В ВАШЕЙ ЖИЗНИ МЕСТО СПОРТУ? ПУТЕШЕСТВИЯМ?
4. СОЗДАЙТЕ АЛЬБОМ, ПОСТЕР ИЛИ ПРЕЗЕНТАЦИЮ ИЛИ ГАЗЕТУ «Я ЧЕРЕЗ 10 ЛЕТ». ИСПОЛЬЗУЙТЕ ОНЛАЙН-СЕРВИСЫ ДЛЯ ОФОРМЛЕНИЯ.

КЕЙС 5

Презентация «Любимый праздник»

Тема

«Национальные традиции»

Завтра в Лаосе Новый год. Его будут праздновать целых 3 дня. Семья Интхавонга активно готовится к празднику. Старшие дети уже купили подарки. Папе и маме — новую красивую одежду, младшим — водяные пистолеты. Ведь Новый год в Лаосе — это праздник воды. Кончается сухой сезон, скоро пойдёт долгожданный дождь. Завтра весь Лаос будет обливаться водой, чтобы «смыть» всё плохое, стать чистым, новым и войти в новый год без старых проблем. А ещё вся семья пойдёт завтра в храм. Это праздничная традиция — ходить в храм с цветами. После этого вся семья поедет на водопады, чтобы отдыхать, смотреть на воду и купаться.

праздник
отмечать праздник
(*когда?*) 31 декабря
праздничные традиции
- День независимости
- Новый год
- Рождество, Пасха
- День армии

Монголия —
Праздник белой луны, Наадам
Конго —
День дерева
Алжир, Никарагуа —
День матери
Мьянма, Бурунди —
День воспоминания
смотреть/ходить на
- парад
- концерт

готовить
- национальное блюдо

дарить
- подарки
- цветы
- деньги
- одежду
- игрушки

1. ПОДГОТОВЬТЕ МАТЕРИАЛЫ — ТЕКСТЫ И ФОТО — О ПРАЗДНИКЕ В ВАШЕЙ СТРАНЕ. КАК ВАША СЕМЬЯ ГОТОВИТСЯ К НЕМУ?
2. ОФОРМИТЕ МАТЕРИАЛЫ В ПРЕЗЕНТАЦИЮ. ПОКАЖИТЕ ЕЁ ДРУЗЬЯМ ИЗ ДРУГИХ СТРАН, ОТВЕТЬТЕ НА ИХ ВОПРОСЫ.

КЕЙС 6

Дом моей мечты (план)

Тема

«План моего будущего дома»

План 1-го этажа

- Терраса 14,77 м²
- Кухня-столовая 12,98 м²
- С/У 8,66 м²
- Гостиная 22,18 м²
- Холл 10,65 м²
- Тех. комната 5,42 м²
- Тамбур 3,10 м²
- Холодная кладовая 2,94 м²

10 555

10 029

План 2-го этажа

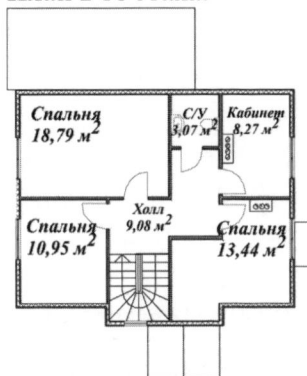

- Спальня 18,79 м²
- С/У 3,07 м²
- Кабинет 8,27 м²
- Холл 9,08 м²
- Спальня 10,95 м²
- Спальня 13,44 м²

Антонио мечтает... Через 10 лет он майор, живёт на родине, наверное, у него большая семья: жена и пятеро детей. Для большой семьи нужен большой дом. Сколько нужно комнат? Сколько этажей? Где его построить? Нужно не забыть про гараж, бассейн, тренажёрный зал... О каком доме мечтаете вы?

дом
этаж
2—4 этажа
5 этажей

квартира
комната
2—4 комнаты
5 комнат
кухня
гостиная
туалет
душ
детская
кабинет
тренажёрный зал

гараж
огород
сад
бассейн

1. ПОДУМАЙТЕ, ХОТИТЕ ЛИ ВЫ ЧЕРЕЗ 10 ЛЕТ ИМЕТЬ СВОЮ СЕМЬЮ? ЕСЛИ ДА, ТО КАКОЙ ВЫ ВИДИТЕ СВОЮ ЖЕНУ / СВОЕГО МУЖА (ВОЗРАСТ, ПРОФЕССИЯ, ВНЕШНОСТЬ, ХАРАКТЕР), СВОИХ ДЕТЕЙ?
2. КАКИМ ВЫ ВИДИТЕ ВАШ ДОМ? ГДЕ ОН НАХОДИТСЯ? В ГОРОДЕ ИЛИ В ДЕРЕВНЕ? ЧТО ВЫ ВИДИТЕ ОКОЛО ДОМА? (ГАРАЖ? ОГОРОД? САД? БАССЕЙН?)
3. НАРИСУЙТЕ ПЛАН БУДУЩЕГО ДОМА. ПОДПИШИТЕ КОМНАТЫ ПО ИХ НАЗНАЧЕНИЮ: ГДЕ КУХНЯ? ГОСТИНАЯ? ТУАЛЕТ И ДУШ? ДЕТСКАЯ? ВАШ КАБИНЕТ? КОМНАТА ЖЕНЫ / МУЖА? ИСПОЛЬЗУЙТЕ ОНЛАЙН-СЕРВИСЫ, НАПРИМЕР SWEET HOME 3D.

4. ЧТО ВОКРУГ ДОМА? ЕСТЬ ЛИ ГАРАЖ? ОГОРОД? САД? БАССЕЙН?
5. СОСТАВЬТЕ РАССКАЗ О СВОЁМ ДОМЕ, РАССКАЖИТЕ О НЁМ СВОИМ ДРУЗЬЯМ.

КЕЙС 7

Выставка «Образование и карьера»

Тема

«Моя будущая профессия»

Галбадрах окончил школу. Куда пойти учиться? Папа хочет, чтобы сын стал врачом. Это престижная и высокооплачиваемая работа. А ещё врачи помогают людям. Мама хочет, чтобы Галбадрах стал инженером. Это интересно и перспективно. А брат прислал ему письмо из Военного института: «Галбадрах, приезжай в наш институт! Будешь танкистом!»

профессия
* важная, нужная
* интересная
* престижная

специальность
* танкист
* врач
* учитель
* переводчик

институт
* учебный ко́рпус (мн. ч. корпуса́)
* столовая
* стадион
* спортплощадка

подъём
зарядка
завтрак
занятия
обед
самостоятельная работа
ужин
свободное время

1. Создайте рекламу (буклет, флаер, фильм или презентацию) своего вуза (академии, института, университета, факультета). Соберите информацию по таким вопросам, как «Специальности, которые можно получить в институте», «День студента», «Свободное время», «Новые друзья», «Общежитие, впечатления о преподавателях, об учебных предметах».
2. Объедините тексты и фотографии в постере (презентации) «Приезжайте учиться к нам!».

КЕЙС 8

Школьный альбом

Темы

«Детство», «Образование в родной стране»

Ахмед вспоминает о школе в Алжире с большой теплотой. В школе были замечательные друзья, любимый учитель, концерты, библиотека... К сожалению, у Ахмеда нет школьного альбома. Но он привёз в Россию несколько фотографий из школы. Было бы интересно сделать альбом, как это делают в России, дополнить его фотографиями и интересными историями...

школа
• пошёл в школу в ... лет
учитель
первый учитель
учитель (*чего?*)
математики, физики, испанского языка
любимый учитель
• добрый
• строгий
• умный
Его/её звали ...
В классе было ... человек.

одноклассник
друг (мн.ч. друзья)
лучший друг
подруга
дружить (*с кем?*)
вместе
• играли
• гуляли
• катались на велосипеде
учиться
• хорошо ≠ плохо

прогуливать занятия
(не ходить на занятия)
ссориться (*с кем?*)
драться (*с кем?*)

1. ПОДБЕРИТЕ ФОТОГРАФИИ, РАССКАЗЫВАЮЩИЕ О ВАШЕЙ ШКОЛЕ, ВАШЕМ КЛАССЕ И УЧИТЕЛЯХ. А МОЖЕТ БЫТЬ, ВЫ ХОРОШО РИСУЕТЕ? ПОПРОБУЙТЕ НАРИСОВАТЬ ИХ!
2. ВСПОМНИТЕ О ДРУЗЬЯХ И УЧИТЕЛЯХ. КАКИЕ ОНИ БЫЛИ ПО ХАРАКТЕРУ? ПОЧЕМУ ВЫ ИХ ЛЮБИЛИ?
3. А БЫЛИ ЛИ У ВАС КОНФЛИКТЫ? С КЕМ? ПОЧЕМУ?
4. ВСПОМНИТЕ 2–3 ИНТЕРЕСНЫЕ ИСТОРИИ ИЗ ШКОЛЬНОЙ ЖИЗНИ.
5. ОФОРМИТЕ ЭТИ ВОСПОМИНАНИЯ В АЛЬБОМЕ.

КЕЙС 9

Туристская выставка «Моя страна»

Тема

«Родная страна»

Сегодня ответственный день! Студент Сайсомпхенг едет в незнакомый ему университет, чтобы рассказать о своей стране. Он очень волнуется. Конечно, он долго готовился и составил замечательную презентацию, где есть информация о географии, экономике, политике и культуре Лаоса. Ему будет помогать друг Сиевингсай, который приготовил интересные клипы о туризме в Лаосе, о традиционной свадьбе и даже о моде. Пожелаем им удачи! А вы хотели бы участвовать в конференции, в такой презентации или в работе туристской выставки? Подготовьте свои материалы для интересного рассказа о любимой родине.

страна
родная страна
(*что?*) находится (*где?*)
• в Азии
• в Юго-Восточной Азии
• в Африке
• в Северной Африке
  (= на севере Африки)
• в Центральной Африке

берег —
на берегу —
на берегу океана —
на берегу Атлантического океана —
на берегу Индийского океана

1. ВСПОМНИТЕ ИЛИ НАЙДИТЕ В ИНТЕРНЕТЕ ИНФОРМАЦИЮ О СВОЕЙ СТРАНЕ. ПЕРЕВЕДИТЕ ЕЁ НА РУССКИЙ ЯЗЫК, ЕСЛИ ОНА ЗАПИСАНА НА ВАШЕМ РОДНОМ ЯЗЫКЕ. ЕСЛИ ВЫ ИСПОЛЬЗОВАЛИ ГУГЛ-ПЕРЕВОДЧИК, НЕ ЗАБУДЬТЕ ОТРЕДАКТИРОВАТЬ ТЕКСТ.
2. НАЙДИТЕ ИНТЕРЕСНЫЕ ФОТО, ГЕОГРАФИЧЕСКИЕ КАРТЫ, РИСУНКИ, РЕЦЕПТЫ НАЦИОНАЛЬНЫХ БЛЮД, ЗАПИСИ ПЕСЕН И ТАНЦЕВ, ЧТОБЫ РАССКАЗАТЬ О ГЕОГРАФИИ, ПОЛИТИКЕ, ЭКОНОМИКЕ И КУЛЬТУРЕ СВОЕЙ СТРАНЫ.
3. НАЙДИТЕ НЕБОЛЬШИЕ ВИДЕОМАТЕРИАЛЫ ПО ТЕМЕ.
4. СОСТАВЬТЕ ПО НАЙДЕННЫМ МАТЕРИАЛАМ ПРЕЗЕНТАЦИЮ.
5. ПРОВЕДИТЕ В ГРУППЕ ТУРИСТСКУЮ ВЫСТАВКУ: РАССКАЖИТЕ О СВОЕЙ СТРАНЕ. СНИМИТЕ ВИДЕОКЛИП НА МОБИЛЬНЫЙ ТЕЛЕФОН И РАЗМЕСТИТЕ ВАШ РАССКАЗ НА КАНАЛЕ ГРУППЫ В YOUTUBE, НАПРИМЕР.

КЕЙС 10

Обсуждаем план путешествия

Тема

«Родная страна»

Хамза и Бухмис — друзья. Хамза из Иордании, а Бухмис из Алжира. Скоро летние каникулы. Хамза пригласил Бухмиса к себе в гости. Он хочет познакомить его со своей семьёй и показать ему Иорданию. Хамза планирует интересное путешествие. Бухмис увидит древний город Петру, столицу Иордании — город Амман и будет купаться в Мёртвом море. Это будет незабываемое путешествие! А что бы вы хотели показать друзьям в своей стране?

1. Распечатайте или нарисуйте карту своей страны.
2. Отметьте те места, которые вы хотите показать.
3. Составьте план экскурсии (календарь, пункты остановки, места питания, небольшие рассказы об интересных местах).
4. Обсудите с друзьями по группе ваш план. Что они одобрят, а что добавят или посоветуют убрать? Что захотят уточнить?

страна
родная страна
(*что?*) находится (*где?*)
 • в Азии
 • в Юго-Восточной Азии
 • в Африке
 • в Латинской Америке
 • в Северной Африке (= на севере Африки)
 • в Центральной Африке

берег —
на берегу (на побережье)
на берегу океана —
на берегу Атлантического (Тихого, Индийского) океана
Что ты посоветуешь?
А где мы будем...?
Я не очень люблю...
Я бы предпочёл...
Я — за.
Я — против.
Давайте лучше...
Куда мы пойдём сначала (потом, после этого)?
Чем интересно это место?

КЕЙС II

О вкусах... спорят!

«ЗАПРОС И ВЫРАЖЕНИЕ МНЕНИЯ, ОЦЕНКИ»

— Ребята, как вы думаете, где лучше отдыхать?

Аталлах: — Я думаю, на море. Я так люблю плавать и загорать. Ненавижу снег и холодную погоду, обожаю солнце.

Сулхахон: — А мне непонятно, как можно целыми неделями лежать на пляже... Я люблю отдыхать с пользой, узнавать что-нибудь новое. Мой любимый отпуск — в Европе, где много музеев и исторических мест. И для практики английского языка есть место и время.

Кайс: — Из города в другой город? По-моему, отдыхать надо на природе. Нам — людям из города — лето нужно проводить у моря или реки, в лесу или в горах.

Шек: — Лучший отдых — у бабушки в деревне. Там свежее молоко, овощи и фрукты, всё своё, домашнее. И бабушка меня так любит, больше всех!

Я думаю, что...
По-моему, ...
На мой взгляд...
Мне кажется...

Я согласен с вами.
Я не согласен.
Конечно.

Думаю, что да.

1. Назовите тему, которую обсуждают студенты?
2. С кем из группы вы согласны? Почему?
3. Выберите в группе одну из тем для дискуссии:
    • Лучше жить в городе, чем в деревне.
    • Многодетная семья — это правильно.
    • Моя жена не должна работать.
    • Молодая семья должна жить с родителями.
    • (ваша тема) _____
4. Разделитесь на 2 команды — «за» и «против» предложенного тезиса. Каждый член команды должен привести один аргумент.
5. Организуйте дискуссию. Ведущим может быть преподаватель или студент. У какой команды аргументов больше? А у какой они интереснее?

Фестиваль «Радуга культур»

Тема

«Моя страна»

В прошлом году студенты участвовали в фестивале «Мы разные — мы вместе». Посмотрите на эти фотографии. К нам приезжали студенты из Технического университета и Медицинской академии. В фестивале приняли участие молодые люди из 15 стран! Для участия нужно было подготовить концертный номер и представить небольшую яркую презентацию о своей стране. Сегодня к нам в институт пришло приглашение на фестиваль «Радуга культур», который состоится в апреле в Техническом университете. Давайте готовиться!

петь/спеть
танцевать/станцевать
выступать/выступить

спектакль
песня
танец
драматический номер
фестиваль
приглашение

1. СОЗДАЙТЕ ПРЕЗЕНТАЦИЮ О СВОЕЙ СТРАНЕ, ДЛЯ ЭТОГО ОТБЕРИТЕ САМЫЙ ИНТЕРЕСНЫЙ МАТЕРИАЛ. ЭТО МОЖЕТ БЫТЬ ИНФОРМАЦИЯ ОБ ИСТОРИИ ИЛИ ГЕОГРАФИИ, КУЛЬТУРЕ ИЛИ ТУРИЗМЕ В ВАШЕЙ СТРАНЕ.
2. ПРИДУМАЙТЕ КОНЦЕРТНЫЙ НОМЕР. ЧТО ВЫ БУДЕТЕ ДЕЛАТЬ? ПЕТЬ ИЛИ ТАНЦЕВАТЬ? А МОЖЕТ БЫТЬ, ВЫ ГОТОВЫ ЧИТАТЬ СТИХИ ИЛИ ПОКАЗАТЬ ДРАМАТИЧЕСКИЙ НОМЕР?
3. ПРОВЕДИТЕ РЕПЕТИЦИЮ ВАШЕГО ВЫСТУПЛЕНИЯ, СКОРРЕКТИРУЙТЕ СОДЕРЖАНИЕ И ДЛИТЕЛЬНОСТЬ, ЕСЛИ ЭТО НЕОБХОДИМО. УДАЧНОГО ВАМ ВЫСТУПЛЕНИЯ!

КЕЙС 13

В автобусе

Темы

«Этикет», «Транспорт»

Вчера студенты из Алжира ездили в город на автобусе. Они громко смеялись, обсуждали новости на арабском языке. Им было так весело! Они чувствовали себя как дома. Но почему-то бабушки в автобусе строго смотрели на них и не улыбались...

громко говорить по сотовому телефону
громко разговаривать с друзьями
читать книги
щёлкать семечки
есть мороженое
слушать музыку в наушниках
уступать место пожилым людям (женщинам, инвалидам)
передавать плату за проезд
объявлять остановки
оплатить проезд, багаж
пить пиво

1. Прочитайте действия и скажите, что из этого *можно*, а чего *нельзя* делать в транспорте в России?
2. Сравните правила поведения в транспорте в своей стране и в России. Что общего и чем они отличаются?
3. Напишите советы студенту-иностранцу, который недавно приехал в Россию, о том, чего не следует делать в автобусе. Оформите ваши советы в виде постера.

КЕЙС 14

ЗАКАЗ ТАКСИ

Тема

«ЭТИКЕТ»

У Али сегодня хороший день. Знакомая девушка пригласила его на свидание в кафе «Ёлки-палки». Али решил ехать на такси, чтобы успеть вовремя. Друг посоветовал заказать такси через мобильное приложение «Яндекс-такси». Али написал, откуда и куда ему нужно ехать. Но водитель не может подъехать к самому общежитию, здесь нет проезда. Он остановился недалеко от общежития. Как уточнить у водителя, где именно он стоит?

короткий — короче — самый короткий (= кратчайший)
близкий — ближе — самый близкий (= ближайший)
без простоя — если такси не будет вас ждать, терять время

1. **Расскажите, как работает служба такси в вашей стране.**
2. **Сегодня один из вариантов вызова такси — звонок по телефону. Прочитайте диалог, соотнесите фразы и составьте совет по вызову такси, расположив в правильном порядке команды под буквами А, Б, В, Г, Д, Е.**
3. (*гудок*)

— Куда поедете?
— Алло, здравствуйте, это служба такси «Пятёрочка».
— Ресторан «Ёлки-палки» на проспекте Карла Маркса.
— Спасибо.
— На ближайшее (время)?
— На 16:00.
— Стоимость проезда по кратчайшему пути без учёта простоя — 200 рублей. Ожидайте (=ждите).
— Здравствуйте! Мне нужна машина.

А. Попрощаться.
Б. Назвать свой адрес.
В. Назвать адрес, куда вы поедете.
Г. Назвать время, на которое вы заказываете такси.
Д. Поздороваться.
Е. Поблагодарить.

4. **Разыграйте разговор по телефону. Выберите, кто будет диспетчером, а кто — пассажиром.**
5. **Закажите такси через мобильное приложение. Установите нужные отметки об оплате кредитной картой, о разрешении определять ваше местоположение.**

КЕЙС 15

Снимаем квартиру по объявлению

Тема

«Объявление»

Раньше Одилио жил в общежитии, а сейчас он решил снимать квартиру. Друзья советуют найти объявление на сайте Yula или другом аналогичном, а преподаватели думают, что нужно обратиться в агентство, потому что это надёжнее. Но ведь это дороже! Одилио решил, что он сам напишет объявление. Какая же квартира ему нужна? Что нужно отметить в объявлении?

однокомнатная /
двухкомнатная /
трёхкомнатная
квартира
с балконом /
без балкона
со стиральной
машиной
с мебелью
не дороже 15000
рублей в месяц
не ниже второго этажа
в районе недалеко
от станции метро
предоплата /
без предоплаты

1. ВЫ РЕШИЛИ СНЯТЬ КВАРТИРУ. ПОДБЕРИТЕ ПОДХОДЯЩИЕ ВАРИАНТЫ НА ЛЮБОМ САЙТЕ НЕДВИЖИМОСТИ ПО ПАРАМЕТРАМ: В ГОРОДЕ, ЗА ПОСЛЕДНЮЮ НЕДЕЛЮ, ОДНОКОМНАТНУЮ, НА ДЛИТЕЛЬНЫЙ СРОК, БЕЗ ПРОПИСКИ, СО СТИРАЛЬНОЙ МАШИНОЙ, ПО ЦЕНЕ НЕ ВЫШЕ **10000** РУБЛЕЙ В МЕСЯЦ. РАСПЕЧАТАЙТЕ ОБЪЯВЛЕНИЕ И ПРИНЕСИТЕ НА УРОК. ВМЕСТЕ ВЫБЕРЕМ ЛУЧШИЙ ВАРИАНТ.

2. РАЗДЕЛИТЕСЬ НА ГРУППЫ И НАПИШИТЕ **3** РАЗНЫХ ОБЪЯВЛЕНИЯ, ЕСЛИ:
   А) ОДИЛИО ЛЮБИТ БЕГАТЬ ПО УТРАМ И ПИТЬ ЧАЙ НА БАЛКОНЕ.
   Б) ОДИЛИО ЛЮБИТ ПЛАВАТЬ.
   В) К НЕМУ ЧАСТО БУДУТ ПРИЕЗЖАТЬ РОДНЫЕ И ДРУЗЬЯ ИЗ АНГОЛЫ.
   Г) ОДИЛИО НЕ УМЕЕТ ГОТОВИТЬ И БУДЕТ УЖИНАТЬ В КАФЕ.

3. ПОМОГИТЕ ОДИЛИО: СОСТАВЬТЕ СПИСОК ВОПРОСОВ, КОТОРЫЕ ОН ДОЛЖЕН ЗАДАТЬ ХОЗЯИНУ ИЛИ ХОЗЯЙКЕ КВАРТИРЫ ПО ТЕЛЕФОНУ.

4. РАЗЫГРАЙТЕ ДИАЛОГ ОДИЛИО И ХОЗЯИНА ИЛИ ХОЗЯЙКИ КВАРТИРЫ.

КЕЙС 16

Пресс-конференция «Система образования в моей стране»

Тема

«Система образования»

Учиться в Россию приехали новые студенты. В нашем институте учатся студенты из разных стран. В Конго дети идут в школу в 5 лет, а в России — в 7 лет. В каждой стране свои особенности образования и в школах, и в университетах. В Лаосе самая высокая оценка — 20 баллов, а в Танзании — 1 балл. В Монголии высшее образование платное. Бесплатно учатся только отличники (те, у кого все пятёрки). А у вас?

младшие классы
средняя школа
старшие классы
Обучение длится ... лет.
экзамены / вступительные экзамены / переводные экзамены
отличник
аттестат
диплом об образовании
школа
институт
колледж
университет
бакалавр
магистр
каникулы
стипендия

1. ВОЗЬМИТЕ ИНТЕРВЬЮ У СТУДЕНТА ИЗ ДРУГОЙ СТРАНЫ (ГРУППЫ) О СИСТЕМЕ ОБРАЗОВАНИЯ В ЕГО РОДНОЙ СТРАНЕ (НЕ МЕНЕЕ 10 ПРЕДЛОЖЕНИЙ) И СНИМИТЕ ИНТЕРВЬЮ НА ВИДЕО. ПОДГОТОВЬТЕСЬ К ТАКОМУ ЖЕ ИНТЕРВЬЮ ОБ ОБРАЗОВАНИИ В ВАШЕЙ СТРАНЕ.
2. КАКИЕ ШКОЛЫ ЕСТЬ В ВАШЕЙ СТРАНЕ (ГОСУДАРСТВЕННЫЕ, ЧАСТНЫЕ, РЕЛИГИОЗНЫЕ И ДР.)? КОГДА ДЕТИ НАЧИНАЮТ УЧИТЬСЯ? СКОЛЬКО ЛЕТ ОНИ УЧАТСЯ? КАКИЕ ПРЕДМЕТЫ ОНИ ИЗУЧАЮТ? КОГДА СДАЮТ ЭКЗАМЕНЫ? КОГДА БЫВАЮТ КАНИКУЛЫ?
3. КТО МОЖЕТ ПОСТУПИТЬ В ИНСТИТУТ, В КОЛЛЕДЖ? КАКИЕ ЭКЗАМЕНЫ НУЖНО СДАВАТЬ? СКОЛЬКО ЛЕТ ТАМ УЧАТСЯ?
4. ГДЕ ЗАНИМАЮТСЯ СТУДЕНТЫ? КАК РАБОТАЮТ БИБЛИОТЕКИ? ПОЛУЧАЮТ ЛИ СТУДЕНТЫ СТИПЕНДИЮ? ДОЛЖНЫ ЛИ СТУДЕНТЫ ПЛАТИТЬ ЗА ОБУЧЕНИЕ? КТО ИМ ПОМОГАЕТ: РОДИТЕЛИ, ГОСУДАРСТВО ИЛИ КТО-ТО ЕЩЁ?
5. КОГДА БЫВАЮТ КАНИКУЛЫ И КАК СТУДЕНТЫ ОТДЫХАЮТ? (ЗАНИМАЮТСЯ СПОРТОМ, ХОДЯТ В КИНО, ТЕАТРЫ, МУЗЕИ, КЛУБЫ, НА ВЕЧЕРА, ДИСКОТЕКИ)

ПОСЛЕ ЭКСКУРСИИ

Тема

«МУЗЕЙ»

Вчера был замечательный день. Студенты подготовительного курса вместе со своими преподавателями ходили в Историко-краеведческий музей. Море эмоций и горы впечатлений!

Они познакомились с историей города, в котором учатся, видели экспозицию «Дикие и домашние животные». Студентам особенно понравилась выставка «Мир национальностей». Здесь можно было увидеть дом русских и украинцев, юрту казахов, быт городских и деревенских немцев. Студенты узнали, что в области живут люди разных национальностей.

выставка
экспозиция
картина
фотография
экспонат
фигура

природа
лес (тайга)
степь

Животные
* ***дикие***
медведь
волк
лиса
лось
заяц
* ***домашние***
корова

баран
коза
свинья
птицы
курица
гусь
утка

реки
Иртыш, Енисей,
Москва, Нева и т.д.

экскурсовод
рассказывать /
  рассказать (*кому?*
  что? о чём?)

показывать /
  показать (*кому? что?*)

1. А что вы запомнили о вашей последней экскурсии в музей?
2. Напишите рассказ «Что я видел в музее».
3. Если у вас остались фотографии, покажите их группе и преподавателю и прокомментируйте.
4. Расскажите о музее в вашей родной стране. Что там можно увидеть? Когда вы были в музее? С кем?
5. Вы знаете, что в России есть мероприятие «Ночь музеев»? Расспросите своего преподавателя, когда и где мероприятие проходит в городе, в котором вы учитесь. Найдите в Интернете информацию о «Ночи музеев» в вашем городе.

КЕЙС 18

Семейная реликвия

Тема

«Семья»

В каждой семье есть вещь, которая очень дорога и передаётся отца к сыну, от матери к дочери. И не обязательно она из золота или серебра и стоит много денег. Может быть, это символ власти — посох вождя или нож шамана. А может, боевая награда, например медаль дедушки. А есть ли интересные вещи в вашей семье? Какая история за ними стоит?

родители
дедушки
бабушки
прадедушки
прабабушки
старейшина рода

племя
вождь
шаман
советник вождя

реликвии
Священная книга
Библия, Коран

нож (кинжал)
посох
статуэтка
украшение (-я)
одежда
награда

купить (*что? у кого?*)
подарить (*что? кому?*)
наградить (*кого? чем?*)

1. ЕСТЬ ЛИ В ВАШЕЙ СЕМЬЕ ТАКАЯ ВЕЩЬ, КОТОРАЯ РАССКАЗЫВАЕТ ОБ ИСТОРИИ СЕМЬИ? С КАКИМ СОБЫТИЕМ В ЖИЗНИ СЕМЬИ ОНА СВЯЗАНА?
2. СОСТАВЬТЕ РАССКАЗ О СЕМЕЙНЫХ РЕЛИКВИЯХ. ВЫРАЗИТЕ СВОЁ ОТНОШЕНИЕ К НИМ. СДЕЛАЙТЕ ПРЕЗЕНТАЦИЮ ИЛИ ПОСТЕР НА ЭТУ ТЕМУ.

СПИСОК ИЛЛЮСТРАЦИЙ

http://www.welt-in-hannover.de/files/stube_nds_weso5_2015.jpg

https://wallpapercave.com/wp/wc1745002.jpg

http://www.rubinst.ru/system/files/static/vuz/doc/menyu.jpg

http://risovach.ru/upload/2013/05/generator/kassirsha-magnita_19427855_orig_.jpeg

https://tonsakh.ru/assets/images/05.-katalog-2-uroven/5c43b0.jpg

https://okuloncesievrak.com/acr_files/420/alisveris-kavrami-2-pFvpglIzUBolluDS.jpg

http://gazeta-rvs.ru/.data/content/blog/posts/s_c96a27f63e4acd9154568bddb6e9aaab8275.jpg

http://derjava55.ru/upload/medialibrary/84e/84efb183dfd41262f375a3a461a8e70c.jpg

https://st2.depositphotos.com/1004449/5851/v/950/depositphotos_58512935-stock-illustration-series-of-streets-in-the.jpg

http://acrussoft.ru/img_lib/934e14aa1dfcf2c3178c817f94e51c57.jpg

http://coffeet.ru/wp-content/uploads/2016/09/Идем-с-друзья-ми-на-кофе.-Советы-молодым-девушкам.jpg

http://besttripideas.com/sites/default/files/Image00008_0.jpg

https://mediananny.com/content/images/original/44374.jpg

http://cn1.nevsedoma.com.ua/images/2011/228/7/20000000.jpg

http://birskrech.ucoz.ru/9999000/94c749e9f651.jpg

https://thumbs.dreamstime.com/z/still-life-books-24994779.jpg

http://expertmagazine.ru/uploads/posts/2013-11/1383429118_1193119.jpg

http://story-about-love.com/wp-content/uploads/youth-boy-girl-dating-couple-Favim.com-485053.jpg

http://eclecticcontemplations.com/wp-content/uploads/2014/06/The-Impossible-Dream-1024x1024.jpg

http://homemyhome.ru/wp-content/uploads/2017/12/p-25.jpg

https://yandex.ru/images/search?text=танкист&img_
url=https%3A%2F%2Fw-dog.ru%2Fwallpapers%2F7%2F16%2F
533180148099870%2Ft-90-tank-osnovnoj-boevoj-tank-rf-tankist.
jpg&pos=24&rpt=simage

http://kwafoto.ru/image/schkola/fotokniga/fotokniga/11-kl-
oblozhka.jpg

http://kto-chto-gde.ru/wp-content/uploads/2017/06/url-34.jpg

http://900igr.net/datai/religii-i-etika/Etiket-i-ego-vidy/0018-027-
Etiket-i-ego-vidy.png

http://static.eurogates.ru/media/organisations/photos/hague-
university-preparatory/204q.jpg

http://pravdy-10.ru/media/k2/items/cache/b6d7090a321aeca0f529
ab265a288b1b_L.jpg

https://cdn1.img.rsport.ru/images/112012/08/1120120878.jpg

https://img1.telestar.fr/var/telestar/storage/images/media/
images/2015/photos/20150529-roland-garros2/marat-
safin/940168-1-fre-FR/Marat-Safin_width1024.jpg

https://w-dog.ru/wallpaper/fon-shampury-oranzhevyj-dolki-zerna/
id/110665/?FS=1

http://ixbt.market/sadm_images/115x115/23-07-2015%208-40-13.
jpg